多维视角下语用学探究

高 琳 著

北京工业大学出版社

图书在版编目（CIP）数据

多维视角下语用学探究 / 高琳著. — 北京：北京工业大学出版社，2025.7重印

ISBN 978-7-5639-7149-7

Ⅰ.①多… Ⅱ.①高… Ⅲ.①语用学－研究 Ⅳ.①H030

中国版本图书馆CIP数据核字（2019）第272127号

多维视角下语用学探究

| 著　　　者：高　琳
| 责任编辑：邓梅菡
| 封面设计：点墨轩阁
| 出版发行：北京工业大学出版社
| （北京市朝阳区平乐园100号　邮编：100124）
| 010-67391722（传真）　bgdcbs@sina.com
| 经销单位：全国各地新华书店
| 承印单位：三河市元兴印务有限公司
| 开　　本：787毫米×1092毫米　1/16
| 印　　张：8.75
| 字　　数：175千字
| 版　　次：2021年10月第1版
| 印　　次：2025年7月第4次印刷
| 标准书号：ISBN 978-7-5639-7149-7
| 定　　价：56.00元

版权所有　翻印必究

（如发现印装质量问题，请寄本社发行部调换 010-67391106）

前　言

　　语言是人类最重要的交际工具，它和人类社会同步产生。然而，作为专门研究语言运用的科学——语用学，其历史却十分短暂。20世纪30年代，美国逻辑学家莫里斯首次提出了作为符号学分支的"语用学"概念，直到20世纪60年代以前，它仍然被归属于修辞学的范畴。20世纪70年代，在奥斯汀、格赖斯等语言学家对语言的封闭性研究提出了疑问，直到《语用学杂志》在荷兰问世之后，语用学才真正成为语言学体系中的一门新兴独立学科。

　　语用学作为语言学各分支中一个以语言意义为研究对象的新兴学科领域，是专门研究语言的理解和使用的学问，它研究特定情景中的特定话语，研究如何通过语境来理解和使用语言。语用学因其本身的目的性和价值性而不同于语法研究，它是关于人类语言本身的研究。

　　本书从多维视角对语用学进行深入的解读，首先介绍了语用学理论、语用学哲学思想与历史回顾，然后讲述了言语行为理论、语用预设，最后重点分析了会话视角下的语用研究、跨文化视角下的语用研究、礼貌的语用研究，以及语用教学与语用能力培养等内容。本书在建构新型语用学理论等方面做了非常有益的探索。

　　作者在写作本书过程中，得到业内外很多朋友和专家的鼎力帮助和支持，作者参阅和引用了国内外一些专家学者的研究成果，在此向这些朋友和专家表示真诚的感谢和敬意。由于作者水平有限，加之时间仓促，书中不免会有一些疏漏之处，敬请读者予以指正。

目 录

第一章 语用学理论 ··· 1
第一节 语用学基本概述 ··· 1
第二节 语用学的研究方法和意义 ································· 5
第三节 语用学语境论 ·· 10
第四节 认知语言学视角下的语用学 ······························ 14

第二章 语用学哲学思想与历史回顾 ·································· 17
第一节 中国语用学哲学思想与历史回顾 ························· 17
第二节 西方语用学哲学思想与历史回顾 ························· 28

第三章 言语行为理论 ·· 43
第一节 言语行为理论的起源 ····································· 43
第二节 施为句 ··· 44
第三节 行事行为理论 ·· 46
第四节 行事行为的分类 ·· 48
第五节 间接言语行为 ·· 50

第四章 语用预设 ·· 53
第一节 预设的概述 ··· 53
第二节 语用预设生成的认知理据 ································ 57
第三节 预设在语言交际中的价值 ································ 59
第四节 交际中的预设策略 ·· 61
第五节 语用预设应注意的问题 ···································· 68

1

第五章 会话视角下的语用研究 … 71
第一节 会话结构 … 71
第二节 会话结构的语用研究和话语分析 … 75
第三节 会话的局部结构 … 77
第四节 会话的整体结构 … 80
第五节 会话的动态语用研究 … 82

第六章 跨文化视角下的语用研究 … 87
第一节 跨文化语用学概述 … 87
第二节 跨文化语用学的形成和发展 … 88
第三节 跨文化语用学研究中值得注意的问题 … 100
第四节 跨文化语用学研究的趋势 … 101

第七章 礼貌的语用研究 … 103
第一节 会话的礼貌原则 … 103
第二节 礼貌原则的局限和新构想的提出 … 105
第三节 会话的礼貌策略 … 107
第四节 礼貌和文化价值 … 110

第八章 语用教学与语用能力培养 … 113
第一节 语用习得特征及影响因素 … 113
第二节 语用习得与对外汉语教学 … 118
第三节 语用教学促进学习者的语用能力发展 … 120

参考文献 … 131

第一章　语用学理论

第一节　语用学基本概述

一、语用学一词的提出

"语用学"（pragmatics）的产生和发展在很大程度上离不开20世纪西方哲学上的"语言转向"和哲学家们对语言的潜心研究。比如，最初作为语用学研究对象的指示语，就是由美国逻辑实证哲学家鲁道夫·卡尔纳普的学生巴希莱尔提出的，而语用学的著名言语行为理论分别出自英国哲学家奥斯汀和美国当代语言哲学家约翰·塞尔，语用学的会话合作原则理论也率先出自美国语言哲学家格赖斯，即使是观点有争论的预设也是由德国的弗莱格在其《论意义和指称》一文中最早提到的，之后才由英国的罗素、斯特劳森等哲学家们相继提出并讨论。20世纪，西方哲学有个很大的特点，就是几乎所有的哲学家都开始转向研究语言，他们认为"研究哲学必须通过研究语言来进行"。正如法国著名哲学家保罗·利科说过的："当今各种哲学研究都涉及一个共同的研究领域，这个研究领域就是语言。今天，我们都在寻求一种包罗万象的语言哲学，来说明人类的表示行为的众多功能以及这些功能之间的相互关系。"所以说，语用学的产生和发展得益于众多哲学家对语言孜孜不倦的研究。

"语用学"这个词的率先提出者就是美国哲学家查尔斯·莫里斯，他于1938年写了一本《符号理论的基础》（符号即语言符号），书中的内容大致分为三部分，"pragmatics"这个词在第三部分里，并且莫里斯还对它的研究对象做了阐释，即研究符号与符号的使用者之间的关系。也就是说，语用学是研究语言和语言的使用者（人）之间的关系的。

在国内，汉语学界开始知道"语用学"是由北京大学英语教授胡壮麟先生1980年发表在《国外语言学》杂志第3期上的一篇文章《语用学》开始的。胡先生这篇文章是国内第一篇系统介绍语用学的文章。文中详细介绍了不同语用学家的观点和六个语言学流派对语用学的评论，讨论了语用学的研究对象和方法，探讨了语用学同其他学科之间的相互关系，指出了概括语用规则的困难，最后对语用学的发展前途提出了自己的预见。由此，"语用学"才开始在国内学界迅速传播并普及开来。

二、语用学的来源

科学发展史表明，任何一种新的理论观点都不是凭空产生的而是为了解决现实中的问题才出现的。新的理论应该而且可以为解决现实中的问题做出自己的贡献，同时又在解决问题的过程中进一步充实发展自己的理论体系。这种渐进的过程是科学理论形成发展的普遍规律。综观语用学的产生和发展，也正是为了解决语言运用的实际问题而产生、发展的。谈语用学的产生，就要追溯世界语言学所走过的路，即追溯世界语言学的发展历程，从中可以看到语用学诞生的背景和其必然性。

世界语言学的历史，如果从19世纪初算起到今天，差不多就是二百多年的历史。在这二百多年中，它大致经过了以下四个发展阶段。

① 19世纪初的历史比较语言学——以英国学者威廉·琼斯、丹麦语言学家拉斯克、德国语言学家格里木和葆朴为代表，主要研究欧洲古代几种语言的同源关系。

② 20世纪初的结构主义语言学——以瑞士语言学家索绪尔、美国语言学家布龙菲尔德等为代表，主要研究静态的语言结构。

③ 20世纪50年代末的形式语言学（数理语言学）——以美国语言学家、数学家乔姆斯基为代表，主要用数学思想和方法来研究语言，给自然语言建立数学模型，从而使语言成为一种精确的、严格的概念，这样机器翻译也才有了可能。

④ 20世纪70—80年代的语义学——以英国语言学家杰弗里·利奇为代表，主要研究意义的多元化和静态语义与动态语义的区分。

综上所述，从19世纪初开始的历史比较语言学到20世纪初的结构主义语言学，再到20世纪50年代末产生的形式语言学以及20世纪70—80年代的语义学，人类语言研究的发展经历了四个大阶段，走了一个半世纪的路程。在这150多年的语言研究中，语言学家们要么研究故纸堆里的语言，要么研究静态的语言结构，要么研究语言的形式……几乎都把语言的意义、语言的使用排除在研究之外。这样做的结果是：以往的语言理论难以用于言语交际之间的解释说明。换句话说，语言理论中只有解释语言自身结构的理论，没有解释语言运用、言语交际的理论。这对语言研究和语言学家来说，是一件憾事。

为了解决这个问题，20世纪中后期，学者们陆续开始研究语言的意义和意义的多元化，语义学迅速发展了起来。随着语义学研究的深入，越来越多的语言学家意识到了语境在意义研究中的重要性。因为对于被实际使用的语言来说，意义不是抽象的，而是和一定的语境紧密联系的，离开了使用语言的时间、地点、场合，离开了使用语言的人以及使用语言的目的等语境因素，就不能确定话语的具体意义。所以，研究意义也应当考虑研究语境中的意义，否则语言研究也是不全面的。于是，在语义的研究中，人们开始考虑语境因素。语境因素一旦进入了语义研究的范围，也就为语用研究开辟了道路。进而，语用研究迅速发展成为一门相对独立的学科。从这个"意义"与语境联系的研究上说，可以得出两点：第一，语境是语用学的生命；第二，语义学是语用学的母学科。

三、语用学的发展

(一) 国外语用学的发展

谈语用学的发展,从莫里斯提出"语用学"术语开始,到今天大致可以划分为两个阶段。

1. 第一阶段(1938年—1983年):"字纸篓""杂物箱"似的语用学

1938年,莫里斯提出了语用学,并为它划定了一个大致的范围,即"语用学是研究符号与符号的使用者之间的关系"。换句话说,语用学是研究语言跟语言的使用者——人之间的关系。语言跟人之间的关系可以是多方面的,可以是心理的、社会的、语言的、哲学的,等等。所以一开始,心理学家、社会学家、语言学家、哲学家都来研究语用学,导致语用学包罗万象。很快,学者们意识到了问题:到底什么是语用学?虽然各家各派都站在自己的研究角度来阐释语用学,但语用学都没有一个统一的、大家都认可的定义。由于它太杂了,这种情形被瑞典语言学家沃尔伍德比作了"字纸篓""杂物箱";然而它又的确十分重要,必须认真对待。学者们开始把语言学意义的语用学从"杂物箱"中分离出来,建立起一个狭义的语言学意义的语用学,让它不属于心理学,不属于社会学,也不属于哲学……改变语用学"杂"的时间一般认为是1983年。

2. 第二阶段(1983年至今):语言学意义的语用学

之所以说改变语用学"杂"的时间为1983年,是因为这一年出版了两本优秀著作,一本是英国语言哲学家列文森的《语用学》,另一本是英国语言学家杰弗里·利奇的《语用学原则》。尤其是列文森的《语用学》一书,是一本导读性的教科书,通俗易懂。一经出版,就受到学界的广泛好评,被公认为可以跟英语的系列教科书如音系学、句法学、语义学的标准课本媲美。此书的出版,"可以说是一个里程碑,标志着语用研究领域的框架已经形成。该书总结了以前十多年语用研究各个方面的成果,在此基础上归列出了语用研究的主要题目,勾画出该领域的轮廓。该书无疑是语用学研究的一部经典,具有不可低估的奠基意义"。一门学科有了广受好评的标准教材,意味着这门学科的研究对象、研究范围、研究方法等都有了比较明确的框架轮廓。在这样的条件下,语用学作为语言学意义上的独立学科的地位就毋庸置疑了。

从1983年至今,又是30多年过去了,语用学就其广度而言,已经派生出了社会交际语用学、跨文化语用学、语际语用学、教学语用学、认知语用学、民族语用学等专门领域;就语用层面讲,语用学除了继续研究指示语、言语行为、语用原则(包括合作原则和礼貌原则等)、预设、会话结构外,还开拓了语言活动类型、原型理论、语用模糊现象、语用策略等新课题;就深度而言,对语用原则的研究呈现扩展、深化的趋势,比如利奇的礼貌原则和其下的次准则就是对合作原则的修订,斯博伯和威尔逊构想的关联理论力图提出更清楚、更有效、更细致的解释交际现象的语用原则,列文森的新格赖斯语用机制则是从会话双方去解释话语的一般含义,以拓展语用原则的运用范围;就其研究方法而言,也因为其研究内容的日益广阔而多元化起来。

(二)国内语用学的发展

在我国,自胡壮麟先生把语用学作为一门学科全面系统地介绍给国内学界后,1988年何自然先生编著的《语用学概论》和1989年何兆熊编著的《语用学概要》两书相继问世,极大地推动了语用学研究在我国的开展、普及和发展。之后几本重要的语用学著作,如王建华的《语用学在语文教学中的运用》、钱冠连的《汉语文化语用学》、陈宗明主编的《中国语用学思想》、索振羽的《语用学教程》、束定芳主编的《中国语用学研究论文精选》陆续出版;进入21世纪以来,又有钱冠连的《语言:人类最后的家园》、俞东明主编的《什么是语用学》、徐默凡和刘大为的《汉语语用趣说》、夏中华的《语用学的发展与现状》等著作相继问世。这些著作都各有特点:或从哲学的角度,或简明扼要、生动有趣,或高屋建瓴、综观全局。总之,有关语用学的著作和论文无论从数量还是从质量上都有了一个极大的飞跃。值得一提的是,中国语用学研究会的首届学术会于1989年11月27—30日,在广州外国语学院隆重召开。语用学研究会的定期召开,极大地推动了我国语用学的研究和发展。2017年8月16日在北京师范大学召开的全国语用学研讨会,已是第十五届。毋庸置疑,今天的语用学正在向着越来越成熟、丰满、繁荣的方向发展。

四、什么是语用学

随着时间的推移和学者们对语用学研究的日益深入,语用学的定义在不同时期的教材或著作里自然不同。由于研究的局限,早期的教材或著作大多是引进、介绍和评介各家不同的定义,或者给出一个语用学研究的范围。

何自然、冉永平认为,"根据以上几个定义可知,很难给语用学下个准确、全面而且统一的定义,更不可能在一个定义中包括语言结构的语境依赖因素、语言使用的原则以及语言结构等角度"。

何兆熊认为,"试图去比较各种不同的定义之间的优劣是没有意义的。它们的差别只不过是侧重面和措辞的问题,它们的共同点是它们都围绕着语言交际中的意义这同一个中心。各种说法的定义的存在有利于加深我们对语用学这门学科的理解"。

左思民认为,"由于上述原因,我们很难对语用学的性质做出完整而确切的概括,自然也难以下一个能令人满意的定义了。如果一定要加以限定的话,那么我选择利奇的定义。它至少有个优点,那就是比较简明——它是对话语怎样在情景中获得意义的研究"。

钱冠连认为,"语用学是一种语言功能理论,它研究语言使用人是如何在附着符号束、语境和智力的参与和干涉之下理解并运用话语的"。钱先生这个定义中的符号束指的是"语言符号",也涉及了"语境"和"话语"的理解运用。

相比之下,索振羽先生的定义还提到了"规则"。他认为,"语用学研究在不同语境中话语意义的恰当表达和准确理解，寻找并确立使话语意义得以恰当表达和准确理解的基本原则和准则"。根据索先生的这个定义，简单地说，语用学就是研究表达和理解的，并且要寻找和建立表达和理解的基本原则和准则。这就是语用学。

索先生的语用学定义包括了语言运用的三大要素：

①语言手段本身（定义中的"话语意义"——语言实体）；

②使用语言的人（定义中的"理解"和"表达"——话语主体）；

③语境（定义中首先提及了"语境"——语用条件）。

人们凭借语言这个交际工具进行社交的"表达"和"理解"，无论是怎样的表达和理解，都是在特定具体的语境中进行的。所以，再普通的交际也涉及"话语"（语言本身）、说话人及听话人（话语主体）和语境（语用条件）这三大要素。话语、话语主体（人）和语境就成为语用学的研究核心。换句话说，语用学既把"话语""语境"作为客体研究，又把话语表达者和话语理解者作为话语交际的主体研究。语用学要综合研究话语、语境、话语主体（表达者和理解者双方）这三大要素相互作用中的动态意义。从这里可以看出，索先生的定义既涵盖了语用学的三大重要因素（语言、使用语言的人和语境），又简明扼要、通俗易懂。这是一个比较全面涵盖语用学性质和研究对象的定义。

第二节　语用学的研究方法和意义

一、语用学的研究方法

（一）方法与理论有着紧密的联系

谈到研究方法，学界有个共识，即方法和理论不可分。探究一门学科的研究方法必然涉及它的理论。一门学科的理论是一个体系，所以一门学科的研究方法也往往不止一种。探究一门学科的研究方法，涉及研究者研究这门学科的目的和范围，目的不同以及范围的大小都影响着研究者对研究方法的选择。20世纪50年代，从美国语言学家乔姆斯基开始，语言学的研究方法就越来越多地从"思辨性"的阐释方法转向现代语言学的实证研究方法（前者是一种依靠研究者自身理性认识能力和直观经验，并在此基础上对概念、命题进行逻辑演绎推理以认识事物本质和特征的研究方法；后者是通过对研究对象做大量观察、试验和调查，获取客观材料，从个别到一般归纳出事物的本质属性和发展规律的研究方法）。例如，理论语言学使用了数理逻辑的方法，应用语言学使用的教育测量和统计的方法，心理语言学使用的心理测量的方法，社会语言学（包括文化语言学）使用的社会学的调查方法，计算语言学使用的计算机的方法，神经语言学使用的神经生理和解剖学的方法等，不一而足。就方法论本身而言，还有定量方法和定性方法。并且，一门学科的研究方法会随着学科的不断发展而相应更新，是动态的。所以，从方法论上讲，语言学工作者都面临着一个重新学习的挑战。语用学也不例外。并且，语用学从产生到发展自始至终都跟很多语言交叉学科的发展密不可分，其研究方法自然也随之多样化。在语用学的诞生到发展的这不长的30多年里，根据其研究目的和对象的不同，其研究方法大致可以归纳为两类，即理论解释法和实证研究法。

（二）理论解释法和实证研究法

1. 理论解释法

所谓"理论解释法"，它属于理论语言学（与应用语言学相对）的研究方法，最初源于西方理论语言学。理论解释法也是一种思维方式，即研究者在个体理性认识能力和直观经验的基础上采用概念、判断、推理等形式对语用现象进行观察、比较、分析、综合、抽象和概括。通俗地说，这是一种建立在证据和逻辑推理基础上的思维和表述方法。这种方法一般把理论分成两类，一类叫作"描写理论"，即描写客观语用事实。描写理论以描写概括语用事实的广度为最终目标，并对语用现象提供精细的分类描写。另一类叫作"解释性理论"，解释语用事实的成因，回答什么原因使语用事实成为这个样子而不是那个样子。一种语用理论往往会同时具有描写性质和解释性质。不过，描写客观语用事实的理论即使有解释性的理论色彩，也还是描写性的理论；而解释事实成因的理论即使含有描写性的理论色彩也还属于解释性理论。这里把描写性理论和解释性理论统称为理论解释法，不再细分。理论解释法包括语用学教科书中关于语境的分类描写解释，奥斯汀对言语行为三分的描写解释，塞尔对言语行为类别的描写解释，格赖斯对会话合作原则以及会话含义的描写解释，利奇对礼貌原则的描写解释，等等。所以，现在一般论及语用学课程的方法都主要划归于描写语用学。描写语用学的方法主要是归纳法，从一系列的语言事实中概括归纳出一般的原理。同时，描写语用学具有经验性，描写人们来自经验的有关自然语言的应用原则，分析自然语言如何跟语境相联系，等等。理论解释法在阐释语用现象时除了大多以自然语句表述外，还用形式化的手段，比如图形、表格等来表述。理论解释法也会出现如主观偏见、过分追求本质而忽略多元性等不足之处。

2. 实证研究法

所谓"实证研究法"，即用实地考察数据或实际例证来支持其理论或观点的研究方法，其理论基础是西方哲学上的实证主义。实证主义崇尚科学结论的客观性和普遍性。这种方法是通过对研究对象进行观察、试验和调查获取客观材料数据，从个别到一般，归纳出事物的本质属性和发展规律。这种方法也包括两个方面。一是"定性研究"，即对某种语用行为的性质做出回答的研究。这种研究在事先不提出任何问题或假设，是探索性的。其特点是强调"不干预性"，没有什么固定的设计模式，即对自然语境下的语用现象进行客观的描述，不带任何主观成分。定性研究为了收集数据常用观察、录音、问卷、访问、个案、在场记录等方法进行。这种方法在语用交际和语言教学中的使用已有所普及。二是"定量研究"，即对语言运用及其变化发展的量的属性做出回答的研究。与定性研究不同的是，它利用现存的数据或某种假设来作为考察的基础，就是说它要研究的问题是事先确定了的。其又分为个案研究和群体研究。基本程序是：确定研究课题、选择总体（是个案还是群体还是别的类型）、确定收集数据的方法、收集数据和进行对数据的组织分析。这种方法的特点是要采用控制和操纵的手段，根据假设专门设计研究方案，使某些要观察的行为在操纵控制的手段下更为集中地显示出来。

实证研究方法可以弥补理论解释法中主观片面的不足，可以客观地验证现存语用理论的问题。例如，一般认为对格赖斯会话含义的理解依赖于语言的规约，耗时少而速度快；关联理论则认为对会话含义的理解需要在语境中推导，耗时多速度慢，而最终理解速度是快还是慢只能以实证研究加以验证。再如词频问题、语言教学问题、第二语言教学中的语言迁移问题、语言使用的信念问题（包括禁忌语的后果、对语言的态度、肯定与否定等）、各国多语制的形式问题等都需要用实证研究方法来解决。实证方法也有其不足的一面，比方调查材料未穷尽，论证结果多大程度上具有普遍性会受到质疑，方法设计不合理、材料选取不当也会导致结论不可靠等。

二、语用学的研究意义

"意义"作为文化和哲学的根本问题，不仅是现代语言学中最重要的问题之一，也是历来语言学各流派关注的焦点问题。古希腊亚里士多德的传统语言观认为，语言符号所表征的意义与自然实在之间存在着一种对应和映现的关系。索绪尔的结构语言观关注语—符号—意义的关系，认为语言是一种表达思想的符号体系，即用以表达思想的语言不仅具有符号特性，而且本身就是一种符号体系。语用学是对语言意义的研究。语用学可以概括为"对语言使用中的意义的研究"或者"对语境意义的研究"。语用学研究的几个主要课题都是以意义为目标的，旨在对语言符号在使用或交际中的意义进行解码，例如，指示词语、含义、前提的研究等；言语行为理论本身也可以说是一种语言意义理论。语用学研究脱胎于语义研究，因此它很自然地也是一种意义研究，只是它的研究视角、重点和目的不同。语言的意义是多层面的。现代语言学研究的基调是语言体系本身，传统的语义研究也同样局限于语言本身固有的、内在的单一层面的意义，这种意义是抽象的。

语义学的发展大致经历了词汇学、结构主义和多元化三个阶段。前两个阶段的语义学研究主要局限于词法与句法的研究。语义学虽主要研究的是语言符号所表达的意义，但因为语言符号的意义与说话者的意图和语境有着不可分割的联系，因此语义学还必须考虑语境中意义的理解问题。20世纪70年代以后，现代语义学呈现出多学科、跨学科、多维度和多层次这几个显著的特点。如果说传统的语义学研究主要局限在词汇意义层次的话，现代语义学的最大特点之一则是对语言意义的多层次考察。现代语义学对语言意义的关注不仅从词汇扩展到了句子层次，而且从句子层次扩展到了话语层次；从方法论角度来讲，现代语义学不但关注静态的词义描写,还关注组合关系中语法、语用因素的影响。

语言意义复杂多样。从语言使用的角度,格赖斯把语言意义分成以下四种:①固定意义;②应用固定意义;③情景意义;④说话者的情景意义。根据格赖斯对使用意义的分类,基提还把句子的意义分为"第一性意义"和"第二性意义"。所谓第一性意义就是我们在听到或读到一个句子后对其中的词语意义的第一反应;所谓第二性意义就是在话语特征和语境表明第一性意义不可取时我们所理解的意义。因此,我们可以看出,固定意义和应用固定意义取决于对话语类型的常规理解。话语类型的情景意义和说话者的情景意义经常与某种应用固定意义相同。当它们一致时,这就是第一性意义;如果不一致,那就是第二性意义。利奇把常见的"语义"分成7种类型,即概念意义、联想意义、社会意义、感情意义、反映意义、搭配意义和主题意义。概念意义是一个词的中心意义或核心意义;与概念意义相比,联想意义不太稳定,是一种附加的意义,具有开放性和模糊性;社会意义指的是反映出说话人的社会背景和个人特征的意义;当一个词具有多重意义,其中的某一意义可能会使人联想到禁忌领域的意义,这一意义就叫反映意义;搭配意义也是一种附加的意义,由于某些词常常与某些词语搭配,所形成的联想就称搭配意义;主题意义是指说话者或作者通过对信息的组织方式来传达意义。莱昂斯把意义宏观地划分为命题意义和非命题意义。非命题意义包含表达意义。命题意义指的是字典上所给的词的定义,这一定义决定着表述性陈述的真伪。表达意义指的是说话者的情感,表达意义具有社会性,涉及人际交往。

语言意义具有多层面,而对意义的研究已在多个层面上展开,这充实了对意义的研究,加深了对语言意义的认识。托马斯认为,研究特定情景中言语的意义即"对互动意义的研究",是现代语用学的目标。意义的建构是个动态过程,涉及说话人和听话人双方对意义的磋商、说话的语境以及话语的意义潜能。意义分为抽象意义和说话人意义两类,说话人意义又包含两个层次:语境意义和语势,即说话人的交际意图。抽象意义不是指词或句子本身具有的单一的内在意义,而是词或句在游离于语境之外的情况下所具有的一组意义的集合,这种集合导致话语的歧义。歧义的消除有赖于语境。在特定语境中,一个词或一句话的多种潜在意义中往往只有一种是合适的,排除其他意义后,歧义随之消失。此时,说话人的抽象意义转化为语境意义,即说话人意义的第一层次。语境意义确定后,需要进一步确定说话人的语势,即交际意图。显然,语用意义具有层次性,意义的理解具有递进性。

在《语言意义·语义学和语用学引论》中,克路斯说明了意义如何随语境而变化,意义的种类,意义如何形成以及语境的作用,等等。克路斯认为,意义研究的分支学科有词义学、语法语义学、逻辑语义学、语言(学)语用学。克路斯在回顾传统词义学的研究方法后,提出了一种新方法,即动态意义建构论。所谓动态意义建构,指的是词语本身没有固定不变的意义,其意义是在实际运用中通过不同的心理过程而形成的。也就是说,意义的形成取决于无意识的心理建构过程。动态意义建构论的基本概念有意义、概念内容、建构、限制。克路斯提出的意义"建构"是在一定的语境限制下进行的。整个意义建构过程取决于规约限制和语境限制。规约限制包括两个方面，一是词语形式与概念内容的相互映射，二是被映射的概念内容是如何构成的。语境限制包括语言语境、物理语境、认知语境、话语类型和交际者关系等。

语用学在成长过程中出现多个分支学科，如哲学语用学、新格赖斯语用学、认知语用学、互动语用学和社会语用学等。虽然它们具有不同的研究趋向，但对语言使用中所产生的意义的研究，即语用意义研究，却始终是它们共同关注的中心问题。有学者从自然语言理解的角度研究语用意义。在这一探索过程中，首要的任务是在定性或定量研究的基础上，找出语言特征、语境、语用意义三者之间的相互关系；然后，用形式化的手段分别对它们进行表征，并用模型的方式确立三者之间的关系。

进入21世纪，希腊雅典大学的学者马墨里多把研究语用现象的英美日常语言哲学思想与认知语用学有机地结合起来，创造性地提出了语用意义的新概念，并进一步从认知的视角探索语用意义。他认为语用意义涉及两个方面的内涵：①语用意义植根于认知并由语言文化规约驱动；②语用意义为探讨语言使用的互动和社会诸因素提供潜势。在分析语用学的认知观和社会观的差异和内在联系的基础上，马墨里多认为，语言使用毫无疑问既是一种内在现象，又是一种外在现象，并据此提出了语用意义的认知假设：假如语言植根于认知并在社会中得到发展，语言使用一定具有认知结构和社会现实概念化的双重特性，而语言使用则因此对社会意义的产生、维持或改变产生影响。语用意义的认知假设表明，语言使用是由认知结构的驱动以及与之互动而产生的复杂现象。语用意义的各社会文化参数，包括交谈双方的权势关系、社会角色以及相关的社会价值和文化信仰等都会在语言使用中得到强化。

从语用学视角不管把意义分为语言意义和言语意义，还是把语用意义分为语境意义、意图意义与言外之意，意义都是动态生成的。语用学研究学者不断从各层面探索语用意义生成以及干涉语用意义产生的各要素，包括认知的、文化的、社会的等因素。这是语用学追索的核心。从语用学的研究对象、范围、特点以及社会功能与作用来看，可以归结为一种对意义的研究。语用学对意义的研究是对在一定的语境中所使用的语言意义的研究。它的核心理论是以言语行为理论为基础的，即语言的意义存在于人们使用语言所实施的行为之中。人们在实施语言交际功能当中需要参照一定的指示现象，这本身就是语言对语境依赖的证明。交往中的意义与语境关系密切，它们之间相互影响、相互制约而紧密地联系在一起。语用学家对意义的研究避免了哲学和形式语义学家将词语和语句的意义和所指看成是静态的、以为它们是词语或语句本身固有的这一不足。

第三节　语用学语境论

一、对语境的相关研究

　　语境，简而言之，就是言语理解和表达的环境。根据《辞海》，语境就是"说话的现实情景，即运用语言进行交际的具体场合"。郑诗鼎提出，从语言学的角度看，语境可以分为言辞语境和社会语境；从社会学的观点看，语境可以分为主观语境和客观语境。客观语境是指社会、文化、习俗、思维方式、风土人情、地理环境等；而主观语境指参与者的各种情况，包括知识结构、意识积淀、经历、心境、风格等因素。从文学研究的角度看，语境分为上下文语境、情景语境和文化语境。周明强在《现代汉语实用语境学》中指出，语境可以分为静态和动态两个层面。动态的语用语境包括交际活动所在场所的情景语境、进入了交际过程的动态语言语境以及交际活动的主体相关背景语境与认知语境。静态语境所彰显的是指称意义、词汇意义、语法意义、理性意义和关系意义等语用意义；动态语境所彰显的是内涵意义、社会意义、感情意义、联想意义和主题意义等语用意义。根据日本学者西棋光正的研究，语境可以有8种功能：绝对功能、制约功能、解释功能、设计功能、滤补功能、生成功能、转化功能、习得功能。从表达方面看，语境具有生成的功能、暗示的功能、创造的功能、协调的功能和省略的功能；从理解方面看，语境具有解释的功能、引导的功能、过滤的功能、转化的功能和补充的功能。

　　从现代国外语境研究看，古代国外学者对语境的研究可以追溯到古希腊时期。早在公元前300多年前，逻辑学家亚里士多德就曾在《工具论》中提到词语的意义依赖于其出现的不同语境这一问题。他曾经指出："一个名词是具有许多特殊意义还是只有一种意义，这可以用下述方法加以考察。查看它的相反者是否具有许多意义，它们之间的差别是属于种类的还是属于用语的。因为在若干情况下，从用语方面亦可以立即察觉。"最早提出语境概念的是波兰人类学家马林诺夫斯基。他通过对南太平洋岛屿上的土著居民的语言进行观察研究后得出结论"如果没有语境，词就没有意义"，并认为，一种语言基本上植根于说该语言的民族的文化、社会生活和习俗之中，不参照这些广泛的语境便难以正确理解语言。他把语境分成两类——文化语境和情景语境。"文化语境"指说话人生活于其中的社会文化背景；"情景语境"指言语行为发生时的具体情境。

　　许多哲学家、逻辑学家、语言学家和语用学家等都不同程度地涉及语境问题。比如，哲学家发现，许多哲学问题的研究都要依赖语境。美国哲学家皮尔士首先提出了指示符号的概念，认为符号一旦离开具体的语境便无法确定其所指。英国语言学家费斯发展了马林诺夫斯基的观点，提出了语境理论。他把语言环境这一概念加以扩展，指出：语言本身的上下文，除了在语言出现的环境中人们所从事的活动之外，整个社会环境、文化、信仰、参与者的身份和历史、参与者的关系等，都是构成语言环境的一个部分。英国语言学家韩礼德提出了"语域"这一概念。他把语域分成三部分：语场、语式和语旨。这三部分综合起来相当于语境。哈桑和韩礼德曾强调语篇和语境是两个不可分割的概念，它们之间相互作用、相互预测。语篇是语言在某一语境中的具体运用，而语境则是语篇得以产生的环境条件，对语篇起着相应的选择作用，如选择语篇的组织结构、语体风格等。脱离语境也就谈不上话语分析，因为话语分析主要以实际运用的自然语言材料为基础，结合情景语境做词句分析。美国社会语言学家费什曼认为，语境是言语交际中受共同行为规则制约的社会情景，包括地点、时间、身份、主题等。美国社会语言学家海姆斯认为，语境就是话语的形式与内容、背景、参与者、目的、音调、交际工具、风格和相互作用的规范等。英国语言学家莱昂斯认为，语境是一个理论概念，构成语境的各种因素是语言学从具体的情景中抽象出来的。他认为，要正确判断话语是否适合具体情景，说话者必须具备一定的知识，而这些知识体现在语境的作用之中。

①每个参与者必须知道自己在整个语言活动中所起的作用和所处的地位。

②每个参与者必须知道语言活动的时间和空间。

③每个参与者必须能够辨别语言活动情景的正式程度。

④每个参与者必须知道对于一定的交际情景来说，什么是合适的交际媒介。

⑤每个参与者必须知道如何使自己的话语适合语言活动的话题以及话题对选定方言或选定语言（在双语或多语社团中）的重要性。

⑥参与者必须知道如何使自己的话语适合情景所归属的语域。

语用学是研究人们在特定的言语环境下如何表达和理解话语的一门学科。随着语用研究的深入，作为语用学研究的方法和课题的语境，其研究也不断得到加强。布朗和尤尔讨论了语境在话语中所扮演的角色，将语境分为话语现场、上下文和社会文化背景知识，并提出两条决定相关语境的原则：局部理解原则，指所涉及的语境因素不应该多于理解某一话语时所涉及的语境因素；类推原则，指人们可根据过去的经验加以类比来理解话语。列文森的《语用学》讨论了话语的一些基本的语境参数，包括参与者、身份、角色、言语活动的时间及地点、参与者对所知或想当然的事物的种种假设等。列文森指出，许多传统的语境参数还应该包括某一文化背景下的社交原则和人类共同的社交原则。列文森提出了语境相对性的概念，即相同的句子在不同的语境中表示不同的命题，而语境起确定命题意义的作用。

语境有狭义和广义、静态和动态之分。狭义的语境指语言理解的上下文；而广义的语境指一切与语言使用相关的因素，包括语言语境和语言外语境。静态的语境研究强调语境的客观存在性，侧重于描写语境的释义和制约功能，忽视了交际主体的主观能动性；动态的语境研究则认为语境不是既定的、一成不变的，而是随言语交流的发展而不断地发展变化的。传统的语境观研究对语用意义的研究起重要的作用，但传统的语境观也暴露出其不足：①传统语境观所涉及的范围太广，包括语言的知识、语言的上下文、人的世界知识、交际的社会文化背景、交际的时间地点、交际者以及说话方式等情景要素。②传统语境观将语境视作静态的事物，是交际之前就确定的常项。③传统语境观将交际双方视为被动的参与者。斯波伯和威尔逊提出话语理解和表达中存在关联性的假设，将语用学的理论重点移到认知理论上来，这一学说被西方语言学界称为认知语用学。关联理论把关联定义为"假设和语境之间的关系"。斯波伯和威尔逊认为，语境是一种心理建构体，是听话者对世界的假设。这种假设可以是真的，也可以是假的。它们以概念表征的形式存在于人们的大脑中，构成一个人的"认知环境"。换言之，我们每个人的认知环境是由一系列可以显映的事实或假设构成的集合。这些事实都是一些已经被认知的旧信息，包括上下文、说话的具体环境以及一个人的认知结构、各种设想、期待、信念等因素。由于每个人的经历、感知能力、认知能力、推理能力以及记忆能力各不相同，因此认知环境也因人而异。但是，认知环境仅为一个人理解话语提供了一个潜在的语境。只有听话者和说话者双方的认知环境中显映的事实或假设出现重叠的部分才能成为双方共同的认知环境。听者在理解话语时总是从认知环境中搜索、选择相关的语境，作为处理、理解新信息的基础。斯波伯和威尔逊承认，仅当假设在一定的语境中具有语境效果时，这个假设在语境中才具有关联性。实际上，关联仅是一个相对概念。话语关联程度与话语所具有的语境效果和处理话语时所需付出的努力这两个因素有关。一方面，如果一个命题在一个语境假设中的语境效果越大，这个命题在这个语境中具有的关联性就越强；另一方面，如果处理话语时所付出的努力越小，话语的关联性也就越强。寻找话语最佳关联的过程实际上是选择处理话语的最佳语境的过程。

关联论的语境观特别强调认知语境与认知效果，熊学亮等学者对此做了深入的探讨。他指出，认知语境包括语言使用涉及的情景知识、语言上下文知识和背景知识三个语用范畴，也包含社会团体所具有的集体意识，即社会文化团体"办事、思维或信仰的方法"。集体意识以"社会表征"的方式，储存在个人的知识结构里，使个人的语言行为适合社会文化和政治环境。熊学亮还论述了知识草案、心理图式、社会心理表征等几个认知概念，对语篇的认知语境、客观结构做了充分的论述，论证了宏观结构理论在信息处理、语用推理中的重要作用。孟建钢总结出了认知环境的四个主要构成因素：①演绎装置中的记忆内容，即已经经过逻辑推理而获得的结论或假设；②具有综合目的或用途的短期记忆内容；③有关世界的百科知识；④可以从交际场景中直接获取的信息。综合起来，认知环境是一种表示受话者运用特定的逻辑关系进行推理的能力以及关于语言能力和语言交际规约的认知能力，这也就是人们从长期的生活经验中形成的稳定而抽象的普遍世界观。

二、研究语境的意义

语境是语用学研究的基础，它和言语行为的相互作用构成语用学的中心内容。语境与言语活动的参与者、言语行为，尤其与正确理解会话含义有密切联系。因此，许多学者都通过语境给语用学下定义,例如,"语用学是利用语境来推断意义的语言学分支学科";"语用学研究在特定情景中的特定话语,特别是研究在不同的语言交际环境下如何理解语言和运用语言",等等。尽管人们对语用学存在不同的理解,但各种定义都强调语境因素的重要性,把语境作为语用学研究的客体,把话语产生和理解的主体即说话人和听话人作为研究的对象,综合研究语境、话语、说话人、听话人等因素相互作用的动态意义。

语境对意义的影响不仅在于它是语言的客观属性,而且还由于它具有以下几项功能。语境的绝对功能是指语境功能的绝对性即其普遍性。任何语言活动都是以一定的语境为条件的。语言是一种社会现象,因此社会上的一切,无论从大的方面或小的方面,还是从抽象的方面或具体的方面来考虑和划分,都可能成为语境因素。制约功能是指语境对于语言应用和语言研究的影响和作用,此项可分为整体制约、上下制约、文化制约和情景制约。整体制约中的整体规模可大至人类社会,也可小至一个句子或短语,甚至一个词语,这与语境的确定性保持一致。上下制约功能更多地指"前言后语"。意义的递推、理解的递推和语境因素内容的递推都有一定的依据和方向,这与语境的相对性保持一致。解释功能是指语境对于语言和语言研究中的某些现象的解释和说明能力。此项可分为解释情景词义、解释模糊现象、解释歧义现象和解释多余与缺乏的信息。这项功能更多体现在意义的阐释上,是依托语境而发生运行的修辞活动所赋予创造的。语用语境是语用行为使客观时空、事件具有语用的规定、约束功能,具有语用性质。语用语境就是为话语在静态意义之上加载交际信息,对动态交际中的语言使用的内在心理机制和外部机制的联系、语言使用的解释起关键的作用。语境最主要的特征是它产生于交际双方使用语言的过程中,由不断被激活的因素和一些客观存在的事物相互作用而生成,并随交际的逐步展开而不断得以更新。

笔者认为,语境的多维研究强调了语境的重要功能和作用,丰富了语境的内涵。①指示语的意义只有结合语境才可能得到正确的解释。②语境有助于推导出话语的真正含义,解释话语的言外之意、弦外之音。③语用前提是正确推导会话含义的先决条件,而语境是语用前提理解的关键条件。④语境的研究是为适应自然语言意义的理解而发展起来的。虽然语境的类型和构成因素丰富多彩,由一系列同语言的理解密切相关的主、客观因素结构而成的多形态、多层次、多方面的复杂因素而构成,但它终究离不开语言本质的制约。语言的自然属性和社会属性决定了语境也同样具有自然和社会性质。会话主体与语境的能动性决定了语境的相对固定、灵活多变以及其选择性。

语境研究对诸多学科产生了重大的影响。胡壮麟认为,语境对理解语篇语义具有重大作用,一向受语义学家、语用学家、民俗学家、人类学家、哲学家和认知学家所关注。追踪这些学者的研究,可以发现,对语境分析的方法已从语言语境——上下文,经由二元化——语言语境和非语言语境,三元化——语言语境、物理语境和共享知识,走向多元化——世界知识、集体知识、特定知识、参与者、正式程度及媒体等的趋势。语境分析甚至被哲学家佩珀看作一种世界观。现在语境研究走向综观化,关注语言语境——包括语言各层面的动态干涉因素以及交际语境,包括物理世界、心理世界和社交世界等多元的语境,不断从宏观的语境因素探索语言使用与语言选择，同时关注微观语境中的语言使用，对语境中的语言使用做出合理的解释，探索语言使用背后的真实意义。

第四节 认知语言学视角下的语用学

　　认知语言学的兴起与发展为语用学研究提供了新的视角，它可以进一步补充和丰富语用学理论。从认知语言学角度研究语用学（以下简称前者）与认知语用学有所区别。

　　首先，二者理论基础不同。前者的理论基础是认知语言学理论，认知语言学涵盖了一种研究范式的所有理论。认知语用学这一术语正式出现于20世纪80年代中后期，其基本理论基础是斯博伯和威尔逊在专著《关联性：交际与认知》中提出的与交际、认知有关的关联理论。因此，前者比认知语用学的理论基础要丰富得多。

　　其次，二者认知观不同。在认知语言学中，认知属广义的，即包括感知觉、知识表征、概念形成、范畴化、思维在内的大脑对客观世界及其关系进行处理从而能动地认识世界的过程，是通过心智活动将对客观世界的经验进行组织，将其概念化和结构化的过程。认知语言学家还认为，语言是认知的一部分，认知是体验性的、想象性的。

　　关联理论的创始人斯博伯和威尔逊并没有直接解释什么是认知，他们在福多尔的认知理论基础上勾勒了语言交际的过程："由负责接收语言刺激信号的单元接收外界语言信号，然后把它们传输到中心系统，由中心系统进行运算和破译。由此看来，语言的交际过程应是个推理过程而不是编码—解码过程。"因此，认知语用学的认知是指对信号的推理、运算过程，而这种推理是以寻找最佳关联为目的的。斯博伯和威尔逊提出了关联的第一原则或认知原则：人类认知倾向于同最大关联相吻合。

　　由此可见，前者的认知观比认知语用学的认知观要宽泛得多，认知语用学忽略了人类认知的大部分，认知能力不等同于符号的心理运算能力。意义不仅是对符号的心理运算的结果，而且扎根于人类的所有认知经验，包括文化的、社会的、心理的和身体的。

　　最后，二者研究对象不同。前者拟运用认知语言学的诸理论为基础，探讨人类的认知能力是如何影响语言使用的。具体来说，在研究意义构建的认知框架中，许多语用学的经典问题还同样重要。我们力图解释层级现象、言语行为和实施为句、前提、指称模糊、所谓的比喻、转喻的语用功能和含义等，老问题将有新解释。

　　有学者认为认知语用学是一门超符号学，"把这种符号和交际意图之间的、在历时过程中逐渐趋向固定化的关系看成超符号关系，研究这种超符号关系的学科就是认知语用学"。具体来说，认知语用学试图找出以下问题的答案：为什么交际双方各自的谈话意图会被对方识别？为什么交际双方配合得如此自然，既能产生话语，又能识别对方的话语？推理这个认知过程就是认知语用学的研究对象。因此，前者的研究范围比后者要广阔得多。

　　就笔者目前掌握的国外文献来看，最具代表性的当属《语用意义与认知》，该书主要以拉考夫的理想化认知模式为理论基础，探讨了语用学的常规课题：指示语、言语行为、前提、会话含义等。此外，2003年潘瑟和索恩伯格编辑了论文集《转喻与语用推理》，其中收录了10篇论文，主要探讨了转喻在话语理解中的作用、转喻推理和语法结构之间的关系等，如间接言语行为、if从句、日语句末小品词等语法结构如何具有相应规约性的语用意义。上述作者均从不同角度证明了转喻研究与其他语用学理论融合的可能性。

  国内基于认知语言学的语用学研究的专著尚未见到，与此相关的论文主要集中在对前提（预设）和言语行为的研究。刘宇红和陈家旭等人认为，心理空间理论可以为预设的研究提供一个新视角，它在语用预设的迷流向、预设触发语、预设的转移、预设的投射等方面具有较强的解释力。王文博运用理想化认知模式（ICM）和图形—背景理论来解释预设的成因和预设消失现象。张辉、周平和李勇忠运用认知转喻理论，尤其是潘瑟和索恩伯格的言语行为转喻来研究言语行为和语用推理。前者以认知语言学中的事态场景为基础，指出事态场景组成部分与整个事态场景或场景核心之间的转喻关系是会话人进行语用推理的概念图式，这些转喻关系也解释了为什么听话人会以迅捷的速度轻松地推断出说话人的交际意图。后者探讨了间接言语行为的产生及理解，并为话语的深层连贯提供了新的解释。

  综上所述，国内外基于认知语言学理论背景的语用学研究尚不多，研究还不够系统。国内的研究均集中在认知转喻理论、心理空间理论与言语行为、语用预设的研究，忽略了认知语言学其他理论（如原型效应理论、意象图式理论等）的应用。我们应在语用学和认知语言学的融合上再做些探索和思考。

第二章 语用学哲学思想与历史回顾

第一节 中国语用学哲学思想与历史回顾

一、中国语用学哲学思想

哲学是语言学的摇篮，语言学的许多思想都与哲学息息相关。纵观哲学的发展历程，它经历了三次重大的转向：本体论、认识论和语言转向。语言转向把对主体研究从心理学领域，如观念、思想等，转移到了语言领域中的语句和意义，如哲学家维特根斯坦、奥斯汀、塞尔和格赖斯等就是运用语言分析来解决哲学问题。当语言学运用哲学，尤其是以维特根斯坦、奥斯汀、塞尔、格赖斯、皮尔士以及莫里斯的思想来解决语言问题时，就出现了语言学中的"语用转向"。当语用学运用认知科学以及认知心理学的观点来研究语用问题时，就出现了语用学中的"认知转向"。语用转向是由维特根斯坦和奥斯汀发起的，而认知转向在格赖斯的意义和交际理论中已显现。中国哲学没有经历西方的哲学转向中的第一和第二阶段而直接进入了第三阶段的语言学转向。陈宗明编写的《中国语用学思想》找寻出了中国语用学思想的发展脉络，建构了中国语用学思想的理论框架，开创了一门新学科——中国语用学思想史。这部书的第一至第七章谈《易经》和诸思想家及其著作的语用学思想，或以人为主，分述其思想，或以专题为主，穿插其人物；第八至第九章论述文论、训诂学的语用学思想，上自《诗经》《左传》，下至陈望道、钱钟书诸先生的著作，上下五千年，旁征博引；第十章论述佛家语用学思想。我国古代也像西方古代一样，并没有建立系统的语用学，只有一些分散的语用学思想。在当代，我国语用学思想发展迅速，内容较全面。这部书包括理论语用学研究和应用语用学研究。

从史料上看，中国古代的语用学思想突出地表现为应用语用学、逻辑学语用学，关于理论语用学方面，只有零星的或个别领域的研究。

语用学思想发展与哲学语言学的发展密切相关。沙利文、钱冠连、陈宗明、俞东明、文旭、徐鹏、马涛、曾文雄、崔凤娟、苗兴伟等学者回顾了语用学的哲学思想。陈宗明等在《中国语用学思想》一书中比较详细地回顾了中国古代的语用学思想的形成与发展以及当代的语用学思想。古代中国虽没有完整而系统的具有现代意义的语用学，但在我国的先秦时期，百家争鸣，先哲们纷纷对各种问题发表见解，当然对语言运用问题也发表了许多真知灼见。《易经》中的语用推理与"言不尽意""书不尽言"观，诸子百家的"辩学""名学""表达和释义理论"以及"谬误论"等都具有浓厚的语用学思想色彩。对语言运用时要注意语言环境的问题，孔子就曾多次提到过。例如，《论语·乡党》云："孔子于乡党，恂恂如也，似不能言者。其在宗庙朝廷，便便言，唯谨尔。"这里是指说话要注意场合。《论语·乡党》又云："朝，与下大夫言，侃侃如也；与上大夫言，如也。"这里是指说话要注意对象。《论语·季氏》云："言未及之而言谓之躁；言及之而不言谓之隐；未见颜色而言谓之瞽。"这里是指说话要选择时机。对语言运用时要注意话语适量性和适当性的问题，古人多次提到过。例如，《仪礼·聘礼记》云："辞多则史，少则不达。辞苟足以达，义之至也。"

古代"三玄"之一的《周易》利用占筮的形式而赋予言象意的推理判断思想。占筮的过程就是推理的过程。在语用学家或逻辑学家看来，《周易》建立了人类历史上第一个符号系统，体现言象意的推理过程，远远早于欧氏几何学和亚氏逻辑。为了帮助人们进行占筮推理，三千年前先哲们就写出了极富哲理的卦辞和爻辞。占筮者就是根据卦象和占辞，结合问卦者相关的情景，来预测事件的吉凶祸福。这种推理，实际上就是语用推理。在易占推理中，除卦符、筮辞之外，语境是一个重要的因素，它不但可以同卦符和筮辞相结合共同推导出结论，而且有时候还能左右结论的性质。易占中的语境包括占域、问卦者、时势、背景、易者等诸多因素，它们在易占推理中具有不可忽视的作用。在易占推理的过程中，语境因素的复杂性使得占卦的结果难以预料。相关联的语境因素与不相关联的因素可能被断卦者牵强附会地扯到一起，这些都会增加易占推理的或然性。《周易》言象意的推理过程关注其中语境中的"时"与"变"，以及"时用""言行"等。艮卦中说："艮，止也，时止则止，时行则行，动静不失其时，其道光明。"这说明在做事情时应"不失其时"才能成功。卦爻辞的解释随着时间条件的变化而变化，体现《周易》本身的"变易"思想。《系辞》有言："《易》之为书也不可远，为道也屡迁，变动不居，周流六虚，上下无常，刚柔相易，不可为典要，唯变所适。"这说明卦爻是可以变化的。同时，变动中体现不同的"时义"与"时用"。《周易》中的"时"与"时用"强调语境中的时间、条件对决定断辞的影响与结果，体现不同语境中所推理出的不同语义与效果。《象传》中的"顺以动"指要顺应时间、条件而动。如果不是这样，而是在不应动的时候动的话，或者在逆反条件下而动则可能产生极为不利的结果。这种"顺以动"的顺应思想与当代语用学家维绪尔伦在《语用学理解》中提倡的语言顺应论在一定程度上相吻合。《周易》的语用学思想还体现在"言行"观上。《周易》中的"言"出现了近60次，"行"则出现了125次之多，而且"言""行"常常结合在一起。言行观要求：①言语要谨慎；②一定要有具体的内容，"言必有物"（《周易·家人》）；③要言有序，不许混乱："言有序，悔亡"（《易·艮》）；④言行结合："言行，君子之枢机""言行，君子只所以动天地也"；⑤要求言行要有准则。这些言行观与西方的言语行为理论有区别也有相同之处，相同之处在于他们都强调言语要见诸行动。《周易》的语用学思想还表现在修辞的理论上。《文言》中说："修辞立其诚,所以居业也。"这是中国思想史上第一次提出"修辞"的术语。《周易》的"类比"以及"象"的认知隐喻等修辞手法深刻影响后来修辞手法的运用与发展。通过修辞的手法,人们可以更多地了解世界万物,也能更多地解释卦爻辞所包含的言外之意。《周易》的"言不尽意""书不尽言"观在先秦时期发展到极致,也为我们理解"言外之意"提供了理据。

辩学是中国古代语用学研究的最高成就,体现古代的语言运用思想。春秋战国时期,辩论之风盛极一时,如邓析子的"刑名之辩"、墨子与公输般的"攻守之辩"、公孙龙的"白马之辩"、惠子和庄子的"濠梁之辩"等众多的精彩辩论,在此基础上形成了中国古代语用推理的辩学理论,而对辩学做出重要贡献的是"辩者派"名墨两家。辩者派的基本特点是"立足于逻辑本身来讲逻辑"。名家好辩、善辩,而且有一套辩论的理论。邓析子的"两可"之说,是辩论的论证方法;惠子的"天与地卑,山与泽平"和公孙龙的"白马非马"都是辩题。名家可以称之为今天的符号学家。《墨经》是中国古代最重要的逻辑学专著,是辩学的经典,被称为"墨辩"。墨辩系统而详细地讨论了辩的目的、作用以及方法等问题。著名的"以名举实,以辞抒意,以说出故",构成了墨辩语用学的主要框架。在辩学中,墨家涉及言语行为等语用问题。《墨经》注意到从言语的整体性来考察名辩问题。墨家认为通过言语可以了解说话者所要传达的意思。《墨经》认为,辩论的准则在于论述的理由充分,要论述恰当。"辩胜,当也。"(《经上》)"谓辩无胜,必不当,说在辩。"(《经下》)这表示说话要注意适当性。适当性可以说是言语行为重要的标准,每一种言外行为都由一定的适当性条件决定,这种适当涉及命题本身以及相关的语境因素。《墨经》提出了话语的"当"与"不当"的问题,折射了墨家的古代语用学思想。许锦云分析了墨家的语用学思想,认为墨家对名的意义做动态研究,对索引词进行了广泛运用和初步探讨。墨家推理以故、理、类为依据,涉及辩说的语境意图及相关背景,使辩说具有语用性。墨家对辩的实质、功能和要求的论述体现了辩说这种言语行为的语用性质、社会功效和礼貌要求。儒、道、法等各家也有自己的辩学理论。儒家孟子有"好辩"之称,但他却说"不得已"而辩。荀子明确主张"君子必辩",发展了"辩说"的推理和论证的理论。道家的老子认为"大辩若讷",又说"善者不辩,辩者不善";庄子主张"大辩不言",认为"辩有不辩""辩有不胜",唯有"止辩"。法家韩非子也认为"辩无用",反对"辩士繁说"。《鬼谷子》一书虽然有诡辩论之嫌,却是辩学纵横术的理论概括。晋代鲁胜对先秦辩学进行总结,著有《墨辩注》一书。以上这些辩学理论都体现出了一定的语用学思想。

名学是研究名、实(形)关系的学说。名实关系,即符号与所指对象之间的关系,本属于符号学或语义学理论,体现名指称事物,名称和对象之间存在一种对应关系;但因"名"又同"言"相联系,使之又具有语用学的性质。春秋战国时期的"名实相怨""处士横议",成为"名实"之争的典型事例。儒家是正名学说的代表。正名理论发端于孔子,继之以孟子,完成于战国晚期的荀子。孔子主张以名正实,提出了著名的"名不正,则言不顺;言不顺,则事不成"(《论语·子路》)的语用学思想。孟子把孔子的"正名"发挥为"正人心""放淫辞",并命名为"知言"。荀子主张"名实相持""循名实而定是非",反对"擅作名以乱正名"。《正名篇》是荀子的名学专著,为儒家正名思想的总结。墨家也讲"正名",不过,他们所说的"正名"是在更为广泛的意义上要求说话人准确地使用词语。《墨子·经说下》:"正名者,彼此。彼此可:彼彼止于彼,此此止于此。彼此不可:彼且此也。"正名,就是要分清彼此,准确地使用语言。《墨经》说"以名举实","所以谓,名也;所谓,实也;名实耦,合也",认为名是反映实的,名实必须相符。名家代表人物公孙龙认为"名者,实谓也",强调"审其名实,慎其所谓";"其名正则唯乎其彼此焉,谓彼而彼不唯乎彼,则彼谓不行;谓此而此不唯乎此,则此谓不行"(《公孙龙子·名实论》)。也就是说,一个名(符号)使用得正确,就在于它能并且也只能对应于一个确定的对象并判断是否可行。法家也接过了孔子的"正名"口号。法家韩非子主张"审名以定位,明分以辩类","名正物定,名倚物徙"。不过,法家强调"以实名"(《韩非子·奸劫弑臣》),即言语必须符合事实,这体现"质的准则"。

名实之辩进一步发展为言意之辩,或曰言、象、意关系的论争。言、象、意关系在《周易》中的体现非常明显。言是言语,意是意思,象为"形于外者"。人们一般认为语言是表达思想的,墨家、荀子诸人都持"言尽意"的观点。但是《易经》就说"言不尽意","立象以尽意"。庄子也说"意不可言传",主张"得意忘言"。道家的庄子在论述言意之间的关系时,讨论了"意之所随"的问题。"语之所贵者意也,意有所随。意之所随者,不可以言传也"(《庄子·天道》)和"言者所以在意,得意而忘言"(《庄子·外物》),体现了道家注意言外之意和重视言语意义的语用思想。以上的言论包含了以下的含义:言语是表达意义的工具,但言语本身并不是意义;理解言语的目的在于理解意义,如果只固守着"言",就掌握不了意义;人们通过言语一旦掌握了意义,便会从记忆中丢失言语中的具体词语,只保留其大意,尤其是要表达的暗含之意。到了魏晋,荀粲认为言不尽意,段融认为象也不能尽意,王弼则主张"得意忘象忘言"。欧阳建则针锋相对地著写《言尽意论》,反对"言不尽意"之说。言意之辩涉及交际中的表达和理解问题,属于语用学研究的重要内容。汉魏以来,佛教在中国传播,并逐渐形成以禅宗为代表的中国化的佛教。禅宗就有"禅不可说"之说,佛学家们普遍认为禅悟是逻辑的反面,可以说是"言不尽意"论的极端。言意之辩也贯串于中国古代文论和诗话之中。表达从意到言,有一个推理过程;理解从言到意,也离不开推理。因此在古代文论和诗话中也存在许多的语用学问题。训诂学是中国传统研究语义的学科,是一种注重语境理解古文义的释义学。释义的过程是推理的过程,所以训诂被看作一种语用推理。辨析古书异例,更需要应用推理。陈宗明认为,训诂学中常用的语用推理有:从个别知识得出结论的推理;从一般知识推论得出结论的推理;以形索义的推理;引证推理等。可以说训诂学是中国语用学研究的一项重要内容。

谬误论也属于语用学的范畴。语形谬误、语义谬误都是应用中的逻辑错误,具有语用的性质。先秦时期谬误论的研究以墨家最为突出。谬误或诡辩在《墨经》中称为"过""悖""罔";又称"狂举""不当""不可"。还有诸如"过名也,说在实""以言为尽悖,悖,说在其言""非诽者悖,说在弗非""狂举不可以知异,说在有不可",等等。墨家要求"以名举实,以辞抒意,以说出故"(《墨子·小取》),并进一步阐述"举,拟实也"(《经上》)。就是说,一个名要求能举出实的足以与其他事物区别开来的性质。而狂举却与此相反,它不能列举出对象的特殊属性,这样就不能区别出一个类,更无从据此进行正确的辩说。在辩论过程中如果发现对方出现狂举,就可揭露其谬误,使己方获得胜利。儒家荀子的"三惑"(用名以乱名者、用实以乱名者、用名以乱实者)讨论了"乱正名"的诡辩中的三种谬误。法家韩非子则持"矛盾说"。中国的佛家逻辑"因明"也十分重视谬误的研究。因明"八门"中就有似能立、似能破、似现量、似比量四门专讲谬误,讲到的"过"多达数十种。训诂学、文论、诗话中也经常讲到谬误问题。"训诂十弊",讲的就是训诂中"穿凿附会""增字解经""随意破字"等十种谬误。《文心雕龙》也曾指出了批评家"吹毛求疵""信伪迷真""贵古贱今"等多种谬误。

从以上的语用学哲学思想渊源看,我们可以认为,中国传统的语言学本质归属给予哲学上的定位。在中国古代语言哲学中,出于语言自身认知活动的需要,其并不缺乏一种业已自觉的语义学的语言学思想。胡适在其《先秦名学史》一书中认为,中国古代的正名学说是一种实证哲学,包含着对一种理想语言的承诺,蕴含着科学主义的语义学成分。与西方传统的语言哲学相比,中国传统语言哲学对语言本质的理解则更多地体现为一种语用学的而非语义论的,较多地关心语用上的可接受性。这与中国古代的实用理性而非认知理性的文化精神互为呼应。中国的语用学思想有如下特点:①中国语用学哲学思想坚持语言的本质并非是之于对象内容的指示,而是人类自身工具的使用。这一语言工具论思想起发于中国古代的先秦之际,经庄子所谓的"得意忘言"之说、王弼所谓的"称出乎我"、张韩所谓的"不用舌论"、郭象所谓的"寄言出意"等将语言工具论思想推向鼎盛的禅宗语言哲学,体现了一种对语用学语言思想的自觉。②中国语用学哲学认为语言的意义并非是确定性的,而是非确定性的。这一点成为中国语言哲学有别于传统西方语言哲学的显著特征。例如,庄子所谓的"齐物主义"的语言理论揭示语义与语境之间的密切关系,极大地张扬了语言指称的相对的、开放的意义。③中国传统语用学哲学主张,语言与其说是有严格的语法规则,不如说是没有其严格的语法规则。中国传统的语言学从语言的逻辑规则走向一种"无法之法"的所谓的"诗化规则",在语言表述中很少运用逻辑推理形式,而是更多地借助于一种诗意的和审美的隐喻、象征、寓言等形式,使主体人的主观意向和意境得以在语用上实现。④中国语用学哲学强调,语言意义实现的最高宗旨不是主客符合而是主体间的相契交流。能否实现语言表达的意义体现在一种人际关系成功的交流之中。"文名从礼"的语言意义的约定俗成与社会契约在先秦荀子的语言学说里被给予了极其有力的揭示。而禅宗作为中国古代语言哲学发展的延续,它折射出中国哲学辩证理性的精神。陈海叶的"禅宗与维特根斯坦语言哲学的语用诠释"从语用学的意义和语境视角比较禅宗"不立文字""平常心是道"与维特根斯坦"不可说""语言游戏""生活形式"的语言思想,前者的"佛法大意"对应的是后者"不可说"的"人文意义"。意义和语境是奠定禅宗的语言哲学宫殿不可或缺的基石，是其语言思想跨越时空鸿沟、镜像映照的秘密所在。

中国古代辩证理性精神经历不同年代哲人对语言哲学共同的、普遍的规律的探索，我们看到了一种从语义学到语用学、再到语用学与语义学兼统这一历史演进历程。语义学的语言哲学与语用学的语言哲学看似相悖实为相通，故不是厚此而薄彼，而是相互融合。在西方的"语言学转向"以及"语用学转向"的思潮影响下，中国现代语用学哲学思想在与西方哲学的相遇中，顺应了西方哲学的"语言转向"，在相当程度上追随西方逻辑实证主义和唯逻辑主义，拘于以单一的概念符号和死板的逻辑形式来重建中国现代哲学，其结果只能是把中国传统的哲学化约为无语境、无意象、无情感、无生命力的空架子。于是，中国哲学的语言转向走入了西方哲学第一次"语言转向"中的陷阱而未能完全进入中国哲学的语用学转向。

处于中西方哲学互动情景的语用学转向，中国语用学思想的建构应基于"生活世界"，从哲学"语用学转向"来重新理解与诠释中国古代哲学与名辩学思想；使中国哲学由盲目崇拜西方逻辑思想的形式抽象走向语言交往中的具体情景；由单向度的语形（或逻辑）分析走向新的语用综合；由事实的世界走向生活（生命）的世界；由客观物境取向转向主客观交融的生命情景。中国哲学中的"言外之意"或"意生境外"就是人的精神生命（人）与自然（天）相融合一，以达到对生生不息的宇宙本体的审美悟解，使主客体融为一体。中国语用学思想建构要求我们必须将其置于生命世界的人文情景之中，在合乎中国哲学生成的情景脉络中，体悟其身临其境的意义，并通过创造性的构思，来掌握"对象主体"所蕴涵的生活经验和生命真实，指向它的真正本体，使中国哲学能够在现代生活情景中，获得新的理解、体验和诠释。同时，张斌峰提出，我们应摆脱对中国古代哲学做简单的范畴化、形式化或纯粹抽象化的语形建构，转向情景化的语用学，关注语言与实在的关系、意义的性质、真理概念、言语行为等问题；把中国哲学视为一种生命的意会活动、生命的实践与生命的智慧，深入汉语言哲学的文字与符号之源，突出汉语言符号使用者的意识之流，充分展示汉语言的表意性、象征性、流动性等特征，挖掘汉语言文字所载承的价值的原始性与开端性，以力求重获汉语言和汉字词语的未受损害的命名力量，重拾古代汉语中已经失落的意义，使中国语用学思想回归溯源之道，并走向世界。

二、20世纪30年代至80年代的中国语用学研究

张绍杰、钱冠连、何自然、沈家煊、何兆熊、文旭、况新华、谢华、徐鹏、马涛、高航、严辰松、刘根辉、曾文雄等学者对中国现代语用学思想进行了回顾。

20世纪早期至80年代，中国语用学研究主要是语用学理论的引进与创立期。从《马氏文通》开始，近一百年来我国的汉语学界就不断借鉴和运用西方语法理论中的某些成分来研究汉语语法，如叶斯伯森的"三品说"、结构主义语法的"分布"方法都曾被系统地用于汉语语法的描写。中国具有现代意义的语用学研究肇端于周礼全的符号学和自然语言

逻辑思想。早在 20 世纪 40 年代，周礼全翻译和出版了莫里斯的《指号理论基础》和《指号、语言和行为》以及沙夫的《语义学引论》。1961 年和 1978 年周礼全分别发表了《形式逻辑应尝试研究自然语言的具体意义》和《形式逻辑和自然语言》。20 世纪 80 年代末期，周礼全编著的《逻辑——正确思维和有效交际的理论》讨论了形式语用学、描述语用学以及应用语用学三个部分。国外语用学的兴起和发展也影响到我国对汉语的研究，特别是对汉语语法的研究。

这个时期，我国学者注意语用学理论的引进，直接将西方语用学论著译成中文。1979 年，许国璋摘译了奥斯汀的名作《论言有所为》，概述了言语行为理论的基本观点。随后，王宗炎译《评斯金纳著〈言语行为〉》，何自然译《语用学和外语教学》，沈家煊译《语用学概观》和《语用学论题》，庄和诚译《语法学、语义学和语用学的关系》，王志译《儿童语言中的否定句：语用学的研究》，常宝儒译《言语行为理论：对各流派和倾向的概述》，袁义译《跨文化交际中的语用学》，赵斌译《"旧"语用学与新语用学：对一场革命的反思》，钱敏汝译《范·戴依克的话语宏观结构论》，张家骆译《语用学、言语习惯与言语语法》等。20 世纪八九十年代，一批学者把语用学论著直接译成汉语，或发表了专题文章进行评介，为国内学者提供了宝贵资料。近年来，外语教学与研究出版社和上海外语教育出版社引进和出版了语用学论著，为国内读者了解原汁原味的国外经典的和最新的语用学理论提供了方便。

有关中国语用学思想初期的研究成果与发展方向，钱冠连发表了题为《语用学在中国：起步与展望》一文，回顾了该时期的成果。自从许国璋先生摘译《论言有所为》以来，国内的语用学研究蓬勃发展。胡壮麟在《国外语言学》发表语用学文章，从语用学的对象和方法、各个语言学派对语用学的评论、语用学和其他学科的关系、语用学规则等四个方面向读者介绍了语用学，介绍了莫里斯、卡纳普、希勒尔、蒙太格、范蒂克等学者；在《各语言学派对语用学的评论》里，介绍了转换生成学派的乔姆斯基和生成语义学派的拉考夫，结构主义学派的格里莫斯，伦敦学派的马利诺夫斯基、弗斯、韩礼德，布拉格学派的布黑勒、马丁内，阿姆斯特丹学派的范蒂克、哈伯兰德和梅伊。在《语用学和其他学科的关系》里，他提到了逻辑学、句法学、语义学、遗传学和文学。继胡壮麟之后，20 世纪 80 年代陆续有倪波的《国外有关语用学的探索》、黄宏煦的《柯特哈德〈话语分析导论〉述评》、程雨民的《格赖斯的"会话含义"与有关的讨论》、刘保山的《几种语篇分析的理论介绍》、何兆熊的《话语分析综述》、廖秋忠的《〈语义学与语用学的探索〉介绍》和《语用学的原则》、花永年的《言语行为模式分析》、顾芸英的《交际能力与语用学原则》、陈平的《〈话语的各个方面〉述评》、庄和诚的《英语语言的礼貌等级》、彭兴中的《话语的三种描写方式简析》、杨性义的《语义前提和语用前提》、段开成的《舍尔的言语行为理论》、戚雨村的《语用学说略》，等等。这些成果较为全面地概述了语用学的兴起和发展以及研究范围，如指示、预设、言语行为理论、合作原则和礼貌原则、会话分析等。

这个时期，一些学者注意到交际中的语用失误，并探讨这些失误与外语教学的关系。黄次栋发表了《语用学和语用错误》，用语用错误的例子考察了言语行为及其进行条件，说明这些行为在各种非语言环境下的不同应用和功能，指出必须重视言语行为的交际意义；黄次栋论证了前提关系的语义分析和语用分析及其教学意义。何自然教授1984年发表了《语用学的研究及其在外语教学上的意义》，分析了语用学五个方面的论题，指出了语言结构的语用意义和语用错误；1985年发表了《模糊限制语与言语交际》，指出了模糊限制语在言语交际中的一些应用；1986年他与阎庄合写的《中国学生在英语交际中的语用失误》，列出的汉英语用差异对教学有很高的实用价值。许连费的《语用学在外语教学中的应用》对提高学生外语的语用能力也有很实在的价值。在对外汉语教学方面，语用学理论也得到了应用，如美籍学者屈承熹的《语用学与汉语教学》就谈到了语用原则在汉语教学中的重要作用；常敬宇、鲁健骥等学者也讨论了语用学和汉语教学。

在翻译研究中，语用学理论也得到了具体的运用。张亚非的《试论双语翻译的语用等值》详细讨论了翻译中的语用等值问题。何自然的《汉英翻译中语用对比研究》提出了翻译语用等值的三个问题。黄金棋的《应该肯定西译汉化现象的积极面》论述了译文中可以在多大程度上引进语用成分的问题。在后期的研究中还有许多语用学与翻译结合研究的论述。语用学对传统修辞学的研究也产生了一定的影响，如"合作原则""关联原则"就可以用来解释像"隐喻""讽刺""夸张"等修辞现象及其修辞效果。

这个时期的语法研究也被汉语语用学界重视。20世纪80年代初，学者们开始讨论句法、语义和语用三个平面的关系。许多学者就此撰文阐述自己的观点，如范开泰、史锡尧、施关淦、范晓、胡裕树、廖秋忠、杨成凯等。但由于其研究视角的独特性，这种结合汉语语法开展的语用研究并非真正意义上的汉语语用学研究。语用学理论在汉语中的应用研究应是运用语用学的理论和方法来分析汉语语言事实，解决汉语实际问题。这方面的研究也已经取得了可喜的成果，如范开泰、徐赳赳、施关淦、袁毓林等学者从语用角度对汉语中的省略和隐含现象进行了考察和分析；沈家煊、徐盛桓等对语用否定和含义否定问题做了较为全面的描写和讨论；王建华、程雨民、袁毓林、杨亦鸣等运用语用学理论研究汉语歧义句，部分地解决了汉语歧义问题。社科院语言所的"中国语用学研究"课题组，运用国外语用学的原理和方法研究汉语语法和语用法，部分成果收入《语用研究论集》。另外，沈家煊的研究表明语用原则可以解释汉语语法中过去难以解决的现象。也有学者从语用学的新角度考察汉语语法中常见的省略和隐含现象，对汉语歧义句的研究也开始把语用因素造成的歧义跟句法、语义层面上的歧义区分开来。除以上的理论探讨外，汉语学者更多的是运用西方语用学的许多概念来分析句法、语义问题。

语用学在汉语的话题、焦点、语篇等方面的研究也有不少的成果。赵元任、朱德熙等提出了话题主语等同说，肯定话题是句子结构成分，等同于主语。不过，范开泰、陆俭明、胡裕树、范晓等学者将话题和主语区别看待。曹逢甫从语段的角度考察主题，看其如何与句法相互作用，寻找主题在语段中的主要功能。陈平的《汉语中零形回指的研究》、王福祥的《汉语话语语言学初探》、黄国文的《语篇分析概要》、屈承熹的《汉语篇章语法》以及廖秋忠发表的系列语篇文章都为汉语篇章分析提供了理据。

国内的语用形式化研究是从逻辑学和哲学领域开始的，这方面的学者以周礼全、邹崇理、蔡曙山为代表。自20世纪80年代中期起，语言学界也已经认识到开展形式语用学研究的迫切性。沈家煊指出，语用学的应用在人工智能、计算机语言处理方面将大有作为，必须在语用学的形式化手段上加强研究，创造形式语用学发展的必要条件。"中国语用学研究"课题组也专门介绍和分析了国内形式语用学研究的状况，但它的讨论没有对形式语义学与形式语用学做严格区分，实际上还包括了一部分形式语义学方面的内容。陈治安、文旭根据在第六届全国语用学研讨会上提交的论文，指出形式语用学的研究在我国几乎还是空白，呼吁应加强形式语用学的研究。目前，在语用形式化研究中，吕公礼、蒋严、徐盛桓等学者做出了积极的探索。

这个时期的语用学理论得到一定程度的修正与重建。西方语用学理论是以英语为语料建立起来的，不一定具有普遍性。中国的学者要了解各种理论及其局限性，发展自己的理论。如有的学者指出，"合作原则"就不适合汉语。戚雨村、徐盛桓、钱冠连、程雨民等学者在修正和重建理论的研究中做出了重要贡献。经历理论的引进与吸收，中国学者编著了一些语用学教材与参考书。这些教材包括何自然的《语用学概论》、何兆熊的《语用学概要》。另外，徐盛桓教授提出的含义本体论，探索了含义的本原本性问题，旨在从语言同现实之间的关系上洞察含义的本质。1983年列文森的第一部语用学教材《语用学》主要讨论的内容有指示词语、会话含义、预设、言语行为、会话结构。中国内地的学者一般都承袭了列文森的思想，在他们的著作中保留了这些比较稳定的语用学研究内容，有些增加了礼貌现象的研究、有关语用学学科地位及与其他学科分界的问题。从整体来看，外语界对国外语用学理论的引介主要关注微观语用学，尤其是言语行为、会话含义和会话分析方面的理论。这段时期取得的研究成果，丰富和发展了语用学理论，并为建立汉语语用学提供了科学的理论基础和必要的理论指导。但是正如沈家煊和钱冠连等学者所指出的那样，国内的语用学理论研究基本上都是在国外语用学理论基础上进行修正和补充，还很少有原创性成果，这有待进一步加强研究。

三、20世纪90年代至今的中国语用学研究

1990年至今的中国语用学研究形成了我国语用学的迅速发展期。何自然、沈家煊、何兆熊、文旭、高航、严辰松、刘根辉等学者综述了这段时期的语用学在国内外的研究与发展。20世纪80年代以来，外语界主要引介国外的微观语用学，研究的方向包括言语行为、会话含义、关联理论、会话分析、指示、预设、礼貌现象、语用的规约化和语法化、语用学和外语教学以及其他研究内容。

何自然的《近年来国外语用学研究概述》介绍了英美学派和欧洲大陆学派对语用学的研究状况，其中包括社会交际语用学、跨文化语用学、语际语用学以及以"关联理论"为核心的认知语用学，基本上囊括了20世纪90年代西方语用学的研究范围。何兆熊教授在《90年代看语用》一文中把语用学的发展分为三个阶段：20世纪70年代是语用学的兴起阶段，20世纪80年代是语用学的定型阶段，20世纪90年代是语用学的成熟和丰满期。

同时，他把语用视为对语言意义的研究，并且分析了语用研究中几个带趋向性的进展：从静态研究到动态研究，从单句向整体扩展，礼貌研究及跨文化语用研究。钱冠连在其《汉语文化语用学》中对国外语用学的发展进行了比较全面的概述。

在这一时期，与语用学有关的著作、论文集不断增多。它们包括王建华著的《语用学与语文教学》、陈宗明的《中国语用学思想》、何自然的《语用学与英语学习》、钱冠连的《汉语文化语用学》、陈忠的《信息语用学》、熊学亮的《认知语用学概论》、何兆熊主编的《新编语用学概要》、索振羽的《语用学教程》、左思民的《汉语语用学》、白解红的《性别语言文化与语用研究》、苗兴伟的《语用预设的语篇功能》、姜望琪的《语用学：理论及应用》以及《当代语用学》、钱汝敏的《篇章语用学概论》、康家珑著的《交际语用学》、何自然、冉永平编著的《语用学概论》、应天常的《节目主持语用学》、戈玲玲著的《教学语用学》、冉永平的《语用学：现象与分析》、史尘封与崔建新合著的《汉语语用学新探》等著作。另外，还有语用学专题论集，包括《语用研究论集》（社科院语言所）、《语用问题研究》（徐盛桓）、《语用·认知·交际》（张绍杰、杨忠）、《语用学：语言理解、社会文化与外语教学》（陈治安等）、《语用学探索》（何自然）、《中国语用学研究论文精选》（束定芳）、《语用与认知——关联理论研究》（何自然、冉永平）等。这些论著吸收了国内外语用学研究的主要新成果，为语用学研究提供了可借鉴和参考的重要资料。

这个时期的语用学研究涉及面广，学者们从各个层面探索语用学。这些成果主要体现在对西方各语用学理论进行评介、修正，并开展众多的理论应用层面的研究，或借鉴西方语用学理论建构新的语用原则或模式。在提出新的语用原则方面，不少学者做出了不懈的努力。顾曰国追溯了现代汉语中礼貌概念的历史渊源，总结出了一些制约汉语交际的礼貌原则，如贬己尊人准则、称呼准则、慷慨准则、文雅准则、求同准则和德、言、行准则，并指出了英汉礼貌现象在文化上的差异，还对利奇的礼貌原则中的策略准则和慷慨准则进行了修订。徐盛桓参照利奇的礼貌原则，提出了自己的理论框架：注意自身、尊重对方、考虑第三者。

这个时期，汉语语用学也显现出蓬勃发展的态势，正沿着具有中国文化特色的道路稳步前进。王道英、徐鹏、马涛论述了汉语语用学的历史与我国语用学理论研究的现状。汉语语用学研究中第一本汉语语用学专著为王建华的《语用学与语文教学》。该书立足汉语及其运用实际，同时以认知心理学、神经语言学、理论语言学等相关人文学科为理论背景，消化、吸收国外语用学理论，构建了汉语化、民族化的语用学研究体系。它的语料少部分采自汉语口语，大部分出自中学语文教材，这些都是典型的汉语话语材料，具有汉语化、民族化特色。1994年中国社会科学院语言研究所出版了国内第一部语用学论文集《语用研究论集》。钱冠连1997年出版的《汉语文化语用学》是我国第一部以汉语为语料、以汉语文化为背景的语用学专著。国外的语用学著作与它是无可比拟的。钱冠连在书中一定程度上消除了吕叔湘、王宗炎、许国璋三位先生所提到的"两张皮"忧虑，为使外语界和汉语界结合研究做出了贡献。邵敬敏主编的《现代汉语通论》专门开辟了一章讨论汉语的语用问题。

关于"三平面"的研究，胡附、文炼在《中国语文》发表了《句子分析漫谈》一文，倡导三个平面即句法、语义、语用语法观，开始把"语用"纳入汉语语法的研究范围，从而在汉语界引发了关于语法三个组成部分相互关系的讨论。施关淦的《关于语法研究的三个平面》，范晓、胡裕树的《有关语法研究三个平面的几个问题》，陆丙甫的《从语义、语用看语法形式的实质》等从三个平面分析了汉语语法中的一些问题。邵敬敏的《汉语语法的立体研究》从语法、语义、语用三个平面进行了交叉研究。汉语界的"三个层面"问题归纳起来其实是论证语用学独立地位的重要问题。另外，不少学者从汉语的词汇、句法、篇章等层面分析这些层面所折射的语用含义、语用预设、语用关联等，或者运用语用学理论分析语言形式与语用功能的关系，对汉语语法中过去难以解释的现象做出了系统的解释。

不少学者从事文化对比与语用的研究。邓炎昌、刘润清讨论了英汉语言文化对比以及英汉语用的特点对比。高一虹、何自然、王得杏都把语用研究置于文化差异研究的语境中。顾曰国的《礼貌、语用与文化》一文对汉语和英语中的礼貌现象进行了对比分析，指出它们在文化上的差异。张绍杰、王晓彤对比研究了英语和汉语中请求行为的实施策略；张新红调查了汉语法律言语行为在立法语篇中的实施情况以及各类言语行为的分类和分布；王爱华对比分析了英语和汉语中拒绝行为的表达模式。

同时，学者们开始注重实证性研究。例如，刘虹以汉语语料为基础，提出了话轮、半话轮和非话轮的区分；刘虹分析了会话中非理想情况产生的原因及其矫正方法；何安平以近十万字的英语会话语料为基础，分析了英语本族人在日常对话、公开讨论和电话交谈三类会话中的听者反馈语，另外还分析了英语会话中的成功与非成功插话现象；何安平和吴平分析了通过录音收集的汉语对话，研究了其中反馈信号的形式与功能，发现反馈信号与性别和社会阶层等变量之间并不存在相关性。

在这个时期，语用学研究呈现多学科的跨越式发展，国内的学术研讨会以及国际的学术交流也日益增多，对中国语用学研究发展产生了重要影响。回顾语用学的发展历程，不少学者提出了自己的新见解。沈家煊根据国内外语用学研究状况，提出了我国语用学研究的发展任务，认为要继续引进国外的理论和方法，开展脚踏实地的研究；把外语研究和汉语研究结合起来，强调语用学宏观研究与微观研究的结合，并加强语用学形式化手段的研究。钱冠连曾在《语用学：中国的位置在哪里》中分析，我国语用学学者没有产生出重大的理论创造，在学术原创性、学术视野和研究方法、选题、语料运用、撰写语用学发展史这五个方面尚未进入国际主流。从整体上看，国内的语用研究领域偏窄，集中在言语行为、会话含义等微观问题上，对宏观语用学关注不够，对语用研究的认识论和方法论问题研究不多。通过国内外语用学选题对比研究，钱冠连提出了推动我国语用学发展的建议：正确分配从事引进与创造工作的人数和时间精力；弄清缺乏理论原创性的原因；将实用研究与基础理论研究统一起来，明确语用学理论目标；增强理论意识，扩大学术视野，鼓励年青一代利用母语从事实证研究；方法论上和语种选择上应多样化。文旭、况新华、谢华、徐鹏、马涛在总结国内语用学研究成果的基础上对语用学的发展也提出了非常有益的建议。归纳起来，笔者认为，中国语用学的发展与研究应从哲学层与理化层出发，把中国语用学研究与发展立足于汉语事实，加强语用学理论原创性研究及其应用的研究。我们可以把汉语作为研究对象，将理论与实践相结合，汉语界和外语界学人应携手合作，发展具有中国特色的汉语语用学。也就是说，我们必须立足汉语实际，从丰富复杂的汉语现象中抽象出具有普遍性的规律，上升为语用学理论，然后用于指导汉语语用现象的分析研究，再从中抽象出普遍理论并用于指导实践，把语用学理论推向一个新的发展高度，建立更具有普通语言学意义的语用学。同时，我们应注重宏观研究与微观研究相结合，开展共时与历时的研究，而更加深入宏观研究，把言语活动放在人类文化、社会活动的大背景下加以考察，开展不同文化的语用对比研究。更重要的是，我们不必拘泥于国外的某些观点，应取各家的语用学理论之长，加大本土化的改造，完善已有的理论，结合汉语的特征，不断创新，创立符合汉语实际的汉语语用学理论。

我国的语用学研究经历了从静态研究到动态研究，从理论研究到实证研究再到应用研究，向多角度、多维度研究的发展过程。在多变的动态发展过程中，我们应重视关注和把握当今科学研究中多学科交叉发展的态势。语用学研究涉及的知识涵盖语言学、哲学、逻辑学、数学、文学、计算机科学、心理学、认知神经科学等各大学科分支，出现了篇章语用学、形式语用学、计算机语用学、文化语用学、认知语用学、文学语用学等交叉领域的研究。这向语用学家提出了挑战，要求他们不仅应该具备良好的语言学专业素养，同时还必须掌握广博的多学科领域的相关知识，做好文理兼通、学贯中西的人才培养。面对中国语用学的研究与发展任务，我们既要高度重视以汉语为研究对象的汉语语用学理论本体研究，也要密切关注语用学理论的应用研究，开辟新的研究领域，真正建构起汉语语用学理论，为国际语用学研究做出贡献。

第二节 西方语用学哲学思想与历史回顾

一、西方语用学哲学思想

语用学作为一门独立的学科得到迅速发展，究其原因，主要是：一方面因为这门学科是在厚实的哲学土壤中孕育而成的；另一方面语言学为其发展提供了良好的外部环境。在研究语用学产生与发展的根源时，以往的研究或强调哲学根源而忽视语言学因素，或只提英美分析哲学而忽视美国的实用主义哲学，因此有必要全面看待语用学产生与发展的原因。

欧洲的原始语用学有悠久的历史，可以溯源到亚里士多德时代。亚里士多德的著述中体现了丰富的语用学思想。在《辨谬篇》中，他认为"推理是以某种陈述为基础的，通过已做出的陈述，必然得出在这些陈述之外，作为这些陈述的结果的关于事物的判断"。其中的辩论方法是公认的论辩指南，《辨谬篇》被看作语用学史第一部谬误学专著。他的《修辞学》主要讨论演讲术，对于演讲的形式、听众的心理以及修辞式推理等方面都做了比较系统的论述。古罗马的学者们继承了古希腊的传统，进一步发展了语用学思想。大演说家西塞罗认为，演说是口语表达的最高形式，演说者必须熟悉所讲的材料，了解听众的心理，才能教育人、愉悦人、感动人。不过，欧洲原始语用学的思想最突出地体现在洛克、康德、洪堡特、维特根斯坦等哲学家的思想中。我们把亚里士多德到莫里斯期间的欧洲与英美语用学思想看作西方经典语用学哲学思想。

哲学的"语用学转向"公认始于被誉为"语言哲学之父"的德国哲学家、数学家、逻辑学家哥特洛布·弗雷格，并由奥地利哲学家维特根斯坦、卡尔纳普等完成这一转向。弗雷格将逻辑学作为整个哲学的基础与中心，提出了逻辑主义的思想，开创了"哲学逻辑"的研究方向。他把对思想的逻辑分析归结为对语言的分析，而对语言的分析是用逻辑进行的分析。同时，他提出了意义核心论的理论。其著名论文《论含义和指称》是现代意义理论的发端。弗雷格和罗素均主张抛弃日常语言，仿照数理逻辑另创一种理想化的人工语言或形式语言。被公认为英美分析哲学的开山祖师的维特根斯坦在弗雷格和罗素思想的基础上，提出了人工语言的哲学和自然语言即日常语言的哲学。维氏后期的日常语言哲学开创了语用学研究传统。他在西方哲学史上的重要地位在于完成或者说最终实现了"语言转向"。维特根斯坦一生以1933年为界，分别发展了两种哲学，即所谓"前期维特根斯坦哲学"和"后期维特根斯坦哲学"，从而创立了两种不同的意义理论。前期以他的《逻辑哲学论》为代表，后期以《哲学研究》为代表。而维特根斯坦的语用学思想突出地体现在他的"后期哲学"中，探讨语言在交际中的用法与意义是维特根斯坦后期语言哲学的主要内容。他在后期哲学中提出："不要问词的意义是什么，而是看词是如何使用的。"其基本命题是：①词的意义是它在语言中的用法；②不要问词的意义，而要问词的用法。在维特根斯坦看来，语言的意义不再是某种实体，而是语言的性质和功能。这样就避免了对应实体是否存在与意义之间的那些无法解决的困难，无论是否具有承担者，只要它仍能在交际中被使用，就应该说是有意义的，而不必再去追问其意义是什么。由于词的使用方式多种多样，因而语言所具有的意义也是多方面的。因此，要掌握语言的意义，实际上就是要掌握语言的用法。维特根斯坦认为，只有在"语言游戏"中或者通过"语言游戏"才能掌握词的用法，从而把握词的意义。维特根斯坦的语言游戏说，把语言的作用与生活方式联系起来考察，强调从语言的实际运用中去研究语言，从语言的不同功能中去研究语言，他的这些观点明显具有语用学的思想。

自然语言哲学的集大成者赖尔从人的心智的角度来发展日常语言哲学，奥斯汀从人的行为来发展日常语言哲学，而塞尔则把这两者结合起来去发展日常语言哲学。总体而言，与语用学思想密切相关的语言哲学经历了三个阶段:一是"语言学转向",发生于20世纪前半期,维特根斯坦、卡尔纳普等哲学家使用语言的语形分析手段解决哲学问题,形成语义哲学;二是"语用学转向",形成于20世纪70年代,奥斯汀、塞尔等哲学家借用语用学的成果来构筑哲学对话的新平台,形成语用学哲学;三是"认知转向",发生于20世纪末期,植根于语用学对讲话者的意向性、心理等的关注来解决科学认知问题,形成认知哲学。语用学的认识论和方法论,特别是"语用学转向"以来形成的语用学思想,成为哲学研究以及语用学哲学思想的发展依据,它既总结了前期"语言学转向"的合理成就和经验教训,也促进了语用学学科的发展。以下我们分析英美语用学哲学思想,欧洲大陆的德、法与俄等国的语用学思想的形成与发展。

英国哲学传统中的语用学思想始于洛克的符号行为哲学。洛克是继笛卡尔开创认识论的哲学研究传统之后,最早对认识论做出贡献的哲学家。他在营造自己的经验主义认识论体系时,对语言的功用、缺陷、人们的滥用,以及对语词意义的来源等方面进行了详尽的探索。洛克认为,语言最根本的作用是用作人类社会联系的工具;强调语词的功用在于表达观念、传递思想。语词的功能发挥是通过有关实物的那些名称来表示同类事物的共同本质,以传递人们的意念这一言语的真正目的。不过,要达到传递思想,语词还必须发挥另一个功能,即在说话人与听话人之间架设起理解的桥梁。要架设起理解的桥梁,语词必须具有传达观念和刺激观念这两方面的作用。传达观念是说话人说出自己心中的想法,刺激观念则是在听话人心中引起语言所表示的有关事物的联想。洛克注意到语词具有这种言语交际中的双重作用。洛克还从语词的正确使用入手,分析了语言自身的缺陷。他认为,文字的缺陷在于意义的混乱,而原因不在文字自身,而在它们所表示的观念。语词意义的含混和不确定性是语词的缺陷。他指出,语言是观念的标记,语言的意义就是它所标记的观念;而且观念具有私人性、个别性和任意性;事物本质的揭示和人类目标的实现是通过人类观念的符号进行人际间的思想交流。洛克提出了消除语义含糊的五条规则,并提出语言在社会生活中的日常用法就是语言的通俗用法;而语言的哲学用法是指用语言来传达事物的精确观念,并用普遍命题来表示确定而分明的真理。

沿着洛克的思路,经验论哲学家霍布斯、贝克莱和休谟与常识论哲学家里德将对语言使用的认识与社会理论结合起来,从社会行为的角度揭示语言的本质,形成了语言和社会的语用学哲学。经验论之后英国语用学进入语境中的分析哲学。这一传统哲学包括剑桥学派的形式语义学和语用学,其创立者有弗雷格、罗素和穆尔。认识论经由英国哲学家罗素继承和发展,罗素于1905年发表的《论指称》一文成为分析哲学正式形成的标志。他强调要把逻辑分析看作哲学固有的方法;主张创造理想的人工语言,用来保证命题的句法形式一定与它的逻辑形式相一致;提出了摹状词的指称理论、指称的意义理论。罗素的逻辑分析方法影响了20世纪初的语言学,为后来的奥斯汀研究言语行为,突出说话人的意图,表达说话人的目的思想奠定了理论基础。

牛津学派的日常语言哲学的奠基者为赖尔、奥斯汀、斯特劳森等,他们发展了包括言语行为理论在内的语言使用观念。维特根斯坦后期哲学思想通过他的讲课和其学生的课堂笔记流传开来，牛津大学逐渐成了宣传日常语言哲学的大本营。维特根斯坦的语言的意义要在其使用中才能把握的观点直接导致了奥斯汀把语言当成一种行为，从而创造了言语行为理论。至此，以罗素、前期维特根斯坦及逻辑实证主义为代表，试图以经验来验证命题的真假值问题，把语言看成一种静态的逻辑符号的逻辑实证学派，被着眼于语言的各种功能、强调语言使用的日常语言学派取而代之；同时，也揭开了语用学研究发展的序幕，人们的注意力从语言的研究转向了言语的研究，转向了对语句的研究。而牛津学派在这方面起领军带头作用。传统的分析哲学认为，语言的功能是表达思想或叙述事实，语言是表达思想的手段，语言只具有描述的功能。与此观点相反，牛津学派认为，语言的主要功能是完成各种言语行为，描述事实或者陈述思想只不过是其中一种言语行为。语言交流中最小的、最基本的意义单位不是语词或语句，而是言语行为。言语行为的思想使语言哲学家们从一种全新的角度来探讨语言的意义问题。由于牛津学派从行为角度研究语言意义，并取得了辉煌成就，我们可以将牛津学派称之为行为语言学派。奥斯汀认为，语言是哲学家的工具，哲学家应当仔细检查他们所使用语词的日常意义。奥斯汀的哲学思想的发展表现在20世纪60至70年代着重探讨言语行为理论本身，并从言语行为讨论语言的意义、指称等问题；其思想表现在著作《言语行为：语言哲学论》和《词语和意义：言语行为理论研究》。20世纪80年代起他侧重讨论作为言语行为基础的意向结构，出版了《意向性：试论心智哲学》和《以言行事行为逻辑基础》等论著；20世纪80至90年代转向研究心智哲学，出版了《心、脑与科学》和《心、脑与行为》等论著。奥斯汀发现，说出语句就是实施行为。他把这类句子或语句叫作施为句或施为语句。这使施为语句与以描写或断定为目的的陈述语句区别开来。奥斯汀指出，施为语句要成功地行使施为功能，就必须满足某些条件。他提出了"言语行为理论"的"以言指事""以言行事""以言成事"观念，使人们关注话语意义之外的"言外之意"，并对这些概念进行了区分。"以言指事"是言语行为"言说"的一面，即说话人说出合乎语言习惯的有意义的话语。而"以言行事"则是说话人表达交际意图和目的的一种行为，意图包含在所说的词语之中，又游离于词语之外，它赋予语句一种以言行事之力。言语行为和任何人类的行为一样，除了有执行动作部分"以言指事"之外，还必须有意向、目的。"以言成事"指"以言指事""以言行事"对受话人产生的效果。奥斯汀对西方哲学以及语用学的发展贡献在于：通过言语行为理论和意向性的研究，推动了语用学的发展。塞尔也强调言语行为的意向性，强调语言哲学与心智哲学的密切联系，把语言哲学看作心智哲学的一部分。

英法当代的语用学家威尔逊与斯博伯提出了关联论，从认知的角度探讨认知效果，关注对言语理解的认知心理过程的阐释。关联论关注语言编码的内容、语言形式和它们编码信息间的关系，而不是形式和外在世界中实体间的关系，它探讨语言过程、人际交流以及整个人类认知或信息运作的过程。关联论从属于认知科学，是为语用推理提供概念和程序的过程，也是获取语用意义的一种辩证手段。关联理论与哲学有着千丝万缕的联系。梁文华提出，关联理论具有客观性和普遍性。关联理论认为，交际中新出现的信息和语境假设之间的关联是自动得到保障的，因为自然界关联的客观存在，这种关联反映到主观世界，形成思维，表现在言语交际中，必然形成事物和事物之间的关联性。关联是客观存在的，也是普遍存在的，关联理论体现了辩证唯物主义普遍联系的观点。事物是复杂的，事物之间的关系更是复杂的。在人类社会中，事物之间的关系也有其社会客观性，这种普遍存在的关系反映在人们言语上必然存在其普遍联系性，即关联性。关联理论认为，理解话语的标准是人类认知假设。人类认知假设的条件是关联原则，即根据相关联的信息认知事物，关联是认知的基础，也是普遍存在的。但关联非常复杂，人们可以或推理或演绎，寻找最佳关联。同时，关联论体现人的主观能动性。在语言交际过程中交际者要进行逻辑推理，从而获得最佳关联，去认识事物的性质、理解话语，达到交际的目的。

从英国的语用学哲学思想的渊源与发展来看，英国语用学思想更多地研究如何制定话语规则或者会话的基本准则，解决当前情景中的交流问题，寻求的不是交流的理性的、普遍的原则，强调更多的是讲话者的意向性、语言规约性、具体的言语行为问题以及言语行为过程中的认知以及如何在认知的过程中获得最佳的语境效果。

语用学的另一条哲学根基是美国的实用主义哲学。美国哲学传统中的语用思想滥觞于皮尔士开创的实用主义哲学和普遍符号学。皮尔士、詹姆士、杜威、莫里斯等哲人的思想中孕育着语用学思想，这为当代语用学的诞生奠定了基础。美国的实用主义哲学受当时盛行的刺激—反应论的影响，从行为主义的角度考察意义问题，成为语用学的催生素。美国著名的哲学家、逻辑学家、符号学家、实用主义的创始人皮尔士主张把意义与人的行为联系起来考察，认为一个概念的全部意义就是这个概念对人的行为所产生的实际效果的总和。皮尔士认为实用主义是主张意义理论能够解决或消除传统哲学问题的最早的哲学。皮尔士认为，实用主义不是形而上学，而是一种方法以实施以下功能：清除所有本质上不清楚的无意义的观念；弄清那些本质上清楚但表面上不很清楚的观念的意义，使之成为明晰的观念。要弄清楚观念或概念的意义，就要诉诸实际的效果。皮尔士视实用主义为研究符号和意义的符号学中的一部分，区分了纯粹感觉、无生命事实和符号表征三种类型的现象和现实，把语法、逻辑和修辞三个学科重新解释为符号学的三个分支，使语用思想在美国有了体系性和建设性的发展。

杜威与詹姆士等实用主义者接受、倡导并发展了皮尔士的意义理论。杜威的实用主义语言哲学对逻辑实证主义、现代经验主义以及日常语言学派都有影响。杜威从拒斥传统形而上学出发，研究事情的意义，进而研究语言问题。他研究语言的性质，着重强调语言的交际作用；考察语言的意义，论述语言与理解的关系，并且突出了意义的操作和证实问题。杜威把意义问题看成了哲学研究的中心，并将意义分为实在的意义和语词的意义。语词的意义来自实在的意义。为此，要研究事情或实在的意义，就必须研究语言。杜威强调，意义的标准是通过语言来实现的。他认为，语言是一种活动。语言不只是一种物理性和机械性的活动，语言主要在于运用，而语言的运用最突出的现象就是语言的作用。杜威非常重视研究语言与环境之间的关系问题。同时，他强调语言是一种关系，参与性是语言的根本性质；意义与理解有着密切的关系，理解就是掌握意义，没有理解也就没有意义。杜威还认为，把握事实和概念的意义需经过"五步说"，即暗示、问题、臆说、推理以及试证臆说。总体而言，詹姆斯发展了皮尔士的思想，把语用学解释为"实用"，把意义和真理与价值的基本范畴连在一起，视信仰、观念及真理的意义在于它们的使用或实用。实用主义者杜威不仅关注意义和价值，而且关注真实的现实问题，包括逻辑、政治、伦理道德、美学、科学和教育等，其语用学思想属"工具主义"。实用主义者、符号论者米德和行为主义者莱格纳强调意义在社会语境与文化语境中的功能。其后，哲学家莫里斯在英美语用学和大陆语用学的发展和融合中，起了重要的作用。莫里斯进一步把实用主义的语言理论发展为语用学。实际上，美国实用主义者的理论与维特根斯坦的后期哲学在某种程度上有非常密切的关系，在对传统的经验主义认识论的批判上与赖尔、奥斯汀所倡导的分析哲学有惊人的相似性。

莫里斯在继承皮尔士的符号学理论、杜威的行为主义以及詹姆士、米德的思想基础上创立了行为主义语用学和符号学。1937年莫里斯把其自1934年以来写成的5篇文章编集成册，以书名《逻辑实证主义、实用主义和科学经验主义》出版。在1938年出版的《符号理论基础》一书中进一步探讨了这三种关系，并把语用学定义为研究"符号与符号解释者的关系"，认为符号包含三种类型的关系：符号与其对象的关系、符号与人的关系、符号之间的关系。这实际上已是对语义学、语用学以及语形学的论述。卡纳普在1942年出版的《语义学导论》就接受了这种区分，不过进行了一些修正。莫里斯认为，卡纳普的逻辑句法学和塔尔斯基的逻辑语义学虽然各有成就，但它们有一个共同的缺点：没有研究语词或符号与其使用者之间的关系，忽视了这个问题的生物的、心理的和社会的方面。莫里斯认为，实用主义对符号学的重要贡献，就在于它强调研究符号与其使用者之间的关系，重视这个问题的生物的、心理的和社会的方面。莫里斯在1946年出版的《符号、语言和行为》中承认他在《符号理论基础》中给语用学、语义学和语形学所下的定义有缺陷，因为那些定义不能保证把它们应用于符号种类的分类，如"语用的符号""语义的符号"和"语形的符号"等，从而混淆了具有各种不同指示方式的符号和构成符号学这三个部门的那些符号之间的区别。为了弥补这些缺陷，他对这三个概念进行了重新定义，其中语用学"是符号学的一部分，它研究符号的来源、用法及其在行为中出现时所产生的作用"，把语言的语形、语义和语用整合于符号学中去研究人类行为的各个方面。莫里斯的行为主义语用学改变了把语用学单纯地视为与思想和心灵理论相关的传统观念，把语言的语形、语义和语用整合于符号学中，有助于符号的、逻辑的、行为的、心理的和认识论知识的统一。

语言哲学家格赖斯指出，在日常交际中，话语人的真正意思常常不是字面意义，而是他的意图，意义与意图相关；意义还与惯例或规则相关，在分析任何一个语句的意义时，必须同时注意考察说话人的意图和约定俗成的规则以及它们之间的关系。格赖斯把"意义"分为两类，即"自然意义"和"非自然意义"，并提出了会话合作原则，明确了语言意义研究从"意义"向"含义"的延伸和转换。为了交际行为能够成功实施，格赖斯认为交际参与者须共同遵守"质准则、量准则、关联准则和方式准则"。这四条准则共同构成著名的"合作原则"。正是由于说话人与受话人在交际过程中都要遵守上述原则，所以人们可以通过它推断话语含义。而且无论说话人遵守合作原则还是有意违反合作原则，都会产生会话含义。它们的区别在于：前一种情况产生"一般会话含义"，后一种情况则产生"特殊会话含义"。

奥斯汀把话语当作一种言语行为。20世纪70年代以后，美国分析哲学家塞尔修正和发展了奥斯汀的言语行为理论，指出了格赖斯的缺陷：没有理解意义在什么程度上是一个规则或惯例的问题。从塞尔对"言语行为理论"的完善与发展可以看出，塞尔像奥斯汀一样，也从内部对言语行为进行了三分。他指出，"每说一个语句，其中都包含这样三种次行为：①说话本身构成的行为；②指称与述谓或命题行为；③以言行事行为，如陈述、命令、应诺、提问等"。可见，他的分类结果是言说行为、命题行为和意向行为。塞尔明确指出，分析意向行为要从区分语句的意向力与其命题内容开始。在他看来，语句就由意向行为部分和命题部分构成。就意向行为的区分标准而言，塞尔提出了12条区分意向行为的标准。这些标准包括意向目的、适应方向、（语句）表示的心理状态、意向目的强弱程度、说话人与受话人的社会地位、说话人与受话人的利益等内容。其中，最重要的是意向目的、适应方向和所表示的心理状态。这三类标准构成主要意向行为分类的基础。意向行为是言语行为的核心、灵魂，由说话人实施。塞尔在奥斯汀的基础上，把意向行为分为断言类、祈使类、承诺类、表态类和宣告类等5类行为。塞尔对言语行为理论的贡献除反对奥斯汀提出的一些理论和观点并加以修正和发展外，还提出了"间接言语行为理论"，把言语行为理论加以普遍化、体系化，注重语词表达的现实语境与意向性，并建立了语用逻辑的体系。在语言分析方面，塞尔认为，话语都是用来"做事"的，"说事"不过是"做事"的特例。言语行为的分析方法及其得出的结论预示着：语言不仅可以反映、描写现实，而且有行事功能，这对于认清语言的本质很有帮助。同时，说话人言说的真正目的，或者说说话人话语的真正含义不是言说行为或话语的字面意义，而是意向行为或话语的间接意义，即通常所说的会话含义。他还分析了语用用意在各种复合语句中的作用。在逻辑分析方面，他试图建立言语行为的逻辑分析工具和逻辑分析系统语用逻辑。1985年，塞尔和范德维克建立了一个语用逻辑系统，并给出了该系统的若干公理和定理。自塞尔以后，对言语行为和语用逻辑的研究有了长足的进展。提出言语行为理论的哲人的最初目的是解决哲学问题，但其研究方法对整个语用学思想产生了重大的影响。

欧洲大陆的德国哲学经历了从康德的"语言学转向"到哈贝马斯的普遍语用学。德国传统中的语用学思想始于康德的"语言学转向"。康德认为，哲学应按先验方法来进行，在知识建构中的图式论和符号观念应把语言的因素引入理性的建构中，包括这些普遍的和必然的法则的科学。为了探询经验可能性的结构或思想的形式，康德的先验论实际上成为一种语法研究，即按照范畴所提供的先天法则来建构对象并赋予其普遍必然性，就像语法在语言现象中的规则作用一样。康德事实上把他的先验哲学塑造在其时代的普遍语法上，语言的形式将理想地反映思想的形式，促成了他的哲学的"语言学转向"。康德之后，直到19世纪末，在语用问题方面的研究主要是在康德先验哲学，也即在"超先验的语用学"的影响下进行的。"会话含义"理论充分体现了德国著名哲学家康德的哲学思想，格赖斯提出的"合作原则"里的四项准则实际上是康德在《康德和康德主义》中提出的"量、质、关系、方式"准则这四个范畴的体现，并借用康德的这四个范畴来作为规范交际话语的基本准则，从而使其提出的"合作原则"具有高度的概括性，并且具有广泛的解释力。我们看到，费希特、罗斯、维特和洪堡特等在内的哲学家和语言学家一方面继承了康德的表征理论，并把对语言的研究集中于语言中精神和表征间的关系上；另一方面，他们把康德的图式理论结合置于语言理论中，语言取代了康德的图式在其哲学中的作用，与概念和直觉结合在一起，使语言对于思想具有核心的作用。

  随着康德时代的结束，德国哲学和语言学开始试图把语言从浪漫的灵魂和先验的精神中分离出来，并把它带入人类活动和广泛的情景中。魏格纳把语言分析的单元称作言语行为或交流行为，即一种具有特定目的的意向行为。现象学家胡塞尔则主要继承了布伦塔诺的思想，即认为所有心理行为都是意向的，都是对象的表象。比勒区别了语言的三种功能，即表征、表达和请求，他把语言的这三个功能视为语言或意义的三个维度，强调这些维度不能彼此排斥，逻辑研究表征，修辞学研究表达和请求。这种语用思想起到了承上启下的作用，既总结了德国在康德之后对语用的洞察，又启迪了当代德国哲学家特别是哈贝马斯的语用观念。德国后期的语言哲学观主要有维特根斯坦后期哲学，他提出"语言游戏论"来重新定位语言性质和语言功能，使用语用分析来理解语言使用的多样性，对语言的分析从语形和语义的层面转向语用层面。他认为，语言的意义就在于它的使用，语言只有在使用中才有价值。这一观点促使奥斯汀、塞尔等人更进一步把语言当成行为方式。哈贝马斯认为，语用学通过对语言的运用所做的具体考察，恢复语言作为"交往行为"的中介的地位，并建立一种可能的、有效的、理想化的语言使用规范。哈贝马斯提出的交往行为理论是研究人们以理解为目的的交往行为的学说。他认为，基于对人的交往行为及其能力研究的需要，从语句的句法、语义特征到语言环境、言语者的语用特征，从语言能力到交往能力，都需要进行普遍的重建。哈贝马斯的普遍语用学力求解决理解和沟通何以成为可能的问题，致力于建立普遍有效性的行为规范，人们在其中通过言语进行交往沟通，使交往双方达成相当程度的共识，让言语行为主体如何在各种语境下都能以可接受的方式完成交往行为。阿佩尔则创立了先验语用学，对康德先验哲学进行改造，强调交流共同体。他的语用学思想是建立在分析哲学中的语用学（维特根斯坦和奥斯汀）、传统符号学理论（皮尔士和莫里斯）以及先验哲学（康德）的张力之中，其语用学转向的实现意味着大陆哲学和语言分析哲学的融合。德国哲学语用学思想关注语言使用的主体间性和理解，把语用学看作一种阐释理性、寻求理解的工具，体现了一种人文主义的态度和明显的科学主义倾向。

  法国哲学传统中的语用思想更多地关注语言在实际使用和理解中的驱动力，其语用学思想是在经验所激发的符号学、心理学和人类学中进行的。最早播下法国语用思想种子的是笛卡尔。笛卡尔建立了认知论，伴随着哲学产生了一次根本性的"语言转向"，从认识论阶段转入以语言为主题的阶段。笛卡尔认为语言不仅是一种系统，而且是一种符号系统，对应着人类的三种基本的心灵行为，即感觉、判断和推理。笛卡尔的哲学方法对波尔—罗亚尔语法的创立具有直接的启迪作用，影响了语用思想在法国的出现。其后，法国语言哲学家孔狄亚克和布列阿布认识到语言并不仅仅是分析思想的工具，也是交流的手段。为此，他们从发生学的观点来看待语言，认为全部语言都源自"行为语言"，语言在成为表征工具之前就是一种人类行为，它不会在人类活动之外存在；语言中的一切都来自人类并面向人类，所以讲话是心灵的行为，需要发现的是语言的理智规则，即语言的语义和语用规则，因为并不存在自然规则，而只有人类行为的规则。这一语言语用和话语理论开创了法国将言语和语言置于个体的和社会的心理学中研究的传统。鲍汗、柏格森和本·维尼斯特等法国哲学家和语言学家将心理的、社会的、功能的因素引入对语言本质和言语行为的分析中，改变了以往对意义和思想之间关系的关注，转向对意义和行为之间关系的研究。他们认为重要的不是通过语句来表达思想，而是由此引起听者的行为。我们可以看出，语言具有双重本质，它是思想表征的工具和行为的工具，一个句子的言语不仅具有符号功能，而且具有社会或实践功能。

在西方语用学理论出现的同时，俄罗斯许多学者也开始超越索绪尔的传统结构主义语言理论，向语用学领域渗透，把研究的注意力转向语言中"人的因素"，即语言的研究对象已不单单是孤立的语言单位及其相互关系，还包括语言中所有与人的因素有关的问题，如交际者、社会地位、话语目的、话语策略、语境等被现代语言学称为"语用信息"的问题；注重把研究重心从排除情态意义的命题内容转向命题意向和命题态式，从话语的客观内容转向说话人的思想操作，并进一步从话语与现实的关系转向话语与说话人的关系。

除了上述国家的哲学家对语用学思想探索外，由石里克、卡纳普等人在奥地利组成的维也纳小组以及波兰、捷克、比利时、丹麦等国的哲人们对语用学哲学思想的探索也做出了重要的贡献。例如，奥地利哲学家、逻辑学家鲁道夫·卡纳普深受莫里斯的影响，他在语用学研究对象的看法上与莫里斯相近。他认为，如果一项研究明确涉及说话者，或者更通俗地说，涉及语言使用者，我们就把它归入语用学领域；如果我们从语言使用者那里只摘取一些词语及词语所指的对象来进行分析，我们就处于语义学的领域中；如果我们从词语所指对象中抽象出词语之间的关系来进行分析，我们就处于（逻辑）句法学领域里了。但他在1956年《意义和必然性》中提出必须区分纯理论研究和描写性研究，提出了"信念、言论、意图和逻辑内在联系"四个概念来作为纯语用学研究对象。卡纳普特别强调逻辑语用学，认为纯语义学已有充分发展，着手建立语用学系统的条件已经成熟。他还认为，纯语义学和纯语形学并不依赖于语用学，但就描述语义学或描述语形学而言，它们都是依赖于语用学的。他在1961年补充了莫里斯的观点，认为语用学除了要研究符号与解释者之间的关系之外，还应当包括符号的所指，并提出开展语用学意义的研究。

语用学在美国、英国、德国、法国、俄罗斯的各自哲学传统中形成与发展，并相互促进。现代语用学的发展正是由这些国家的语用学思想构成的混合体，即源于英国的言语行为理论、法国的对话理论、德国的普遍语用学和美国的符号学。或者说，伴随着语用学诞生和发展的哲学思想主要是以洛克、皮尔斯和莫里斯为代表的符号行为哲学，维特根斯坦、奥斯汀、塞尔和格赖斯所引领的日常语言哲学以及德国哲学家哈贝马斯、阿佩尔的语用学思想。随着语用学的兴起，语言和符号的研究开始摆脱了先前纯逻辑的束缚，语用推理、语用语境、语用过程、语用规则和语用逻辑的研究一度成为哲学家、语言学家、逻辑学家和符号学家们所关注的中心。正是语言哲学发展的内在必然和外在驱动，形成了20世纪后半叶的语言哲学"语用学转向"。语用学思想作为语言哲学发展演变的必然趋向，内在地显示了"现今的哲学无不带有语用"的哲学基本特征。

二、20世纪30年代至80年代的西方语用学研究

对语用学研究的历史发展阶段的分期，不同的学者有不同的划分。根据张绍杰、杨忠、钱冠连、何自然、沈家煊、何兆熊、文旭、况新华、谢华、徐鹏、马涛、高航、严辰松、刘根辉等学者对语用学研究回顾的情况，笔者对西方语用学研究与发展的不同阶段做了较粗略的划分，并对上述学者的思想进行以下归纳。

20世纪30至60年代可以看作语用学发展的形成期。从上述讨论我们知道，语用学渊源于哲学家对于语言的探索。20世纪30年代，在西方逻辑实证论的哲学流派中形成了一股语言哲学思潮，哲学家把研究重心转移到人类所使用的符号媒介上，开始了富有哲学意义的语言研究。这些哲学家的观点后来发展成为符号学。符号学理论首先是由美国哲学家皮尔士提出来的，后来另一位美国哲学家查尔斯·莫里斯对皮尔士的符号学理论做了解释。在《符号学理论基础》一书中，莫里斯提出了符号学三分说：句法学、语义学和语用学。从此，"语用学"这一术语一直为哲学家、语言学家所采用。但莫里斯把修正后的语用学定义为"符号学的一部分，它在伴随符号出现的行为活动中考察符号的起源、用法和功能"。他的观点得到同时期的另一位逻辑实证论哲学家鲁道夫·卡纳普的支持和修正。卡纳普缩小了语用学的研究范围，进一步明确了语用学的研究对象，即研究使用者和词语的关系。此外，莫里斯还区分了纯语义学、描写语义学与语用学的关系，认为纯语义学和语用学是分析词语意义的两种完全不同的形式，而描写语义学可看作语用学的一部分。

随着对语用学哲学思想的不断深入探索，从20世纪50年代初至60年代末，语用学在哲学领域的探索有了突破性进展。这一时期有英国哲学家奥斯汀和美国哲学家塞尔、格赖斯等著名语用学哲学家。奥斯汀"不满意语言哲学对所指、意义、陈述的真实和谬误的传统研究"，提出了言语行为理论，向当时的逻辑实证主义提出了挑战。他把句子分为"表述句"和"施为句"，说话时表述句在于陈述或描述某一事实（以言指事），而施为句在于完成一种行为（以言行事）。进而，他把言语行为分为以言指事、以言行事、以言成事。

奥斯汀的主要思想集中在《论言有所为》一书中。奥斯汀的言语行为理论，经过他的学生塞尔的完善和发展，变得更加"系统化"和"严密化"。他再把以言成事分为断言类、祈使类、承诺类、表态类和宣告类行为。塞尔的言语行为理论主要反映在《言语行为：语言哲学论文》中。

1967年，格赖斯为纪念威廉·詹姆士在哈佛大学讲演时提出了自己的语用学理论，即"会话含义"理论。后来他发展了会话含义的概念，在《逻辑与会话》中，提出了用来解释会话含义的合作原则，包括四条准则：数量准则、质量准则、关系准则和方式准则。合作原则是关于人们怎样使用语言的理论，解决了语义学中无法解决的问题，具有极大的解释力；更重要的是，它为解释言外行为提供了理论依据，是对言语行为理论的又一重要补充和发展。从莫里斯语用学概念的提出到言语行为理论，语用学研究多局限于哲学领域，以解决哲学问题为主要目的。

进入20世纪70年代后，语用学研究成为语言学的一门独立学科。1977年，《语用学杂志》在荷兰正式出版发行，标志着语用学作为一门新兴学科已得到承认，确立了它在语言学中的研究地位。首先，语用学的确立得益于哲学家对语言本质的探索。其次，对生成语法理论的看法分歧为语用学跻身于语言学领域客观上创造了条件。语用学在解释语言使用中的语文与语境关系方面表现出来的解释力，引起了众多语言学者的兴趣。再次，功能主义语言理论的发展和应用语言学的发展。这一时期语用学已形成了自己完整的理论雏形，确定了基本的研究对象、研究范围和研究方法。对于语用学研究范围的界定，列文森归纳了五个方面，包括指示语、会话含义、前提、言语行为和会话结构。列文森提出的五方面研究被看作典型的、相对稳定的语用学内容。对上述不同内容的研究，我们可以采用不同的研究方法。语用学可分为纯语用学、描写语用学和应用语用学，不同类型的语用学研究会有不同的研究方法和对语言的解释方式，不过，最终的目的是探索语言的本质。

纵观20世纪70年代的语用学研究，可以发现，这个时期的研究主要表现在：①人们从各种观点，包括哲学、心理学、社会学、人类文化学等以及指示语、会话含义、言语行为等各方面，围绕语言使用的各方面问题进行研究，形成了多元化的研究趋势；②语用学引起了各语言学家的兴趣，他们形成了自己的研究队伍，冲破了哲学家一统天下的局面，开始成为语言学研究的热点，不过语言学家大多囿于对哲学家语用学理论的解释；③虽然语用学已作为语言学的一门独立学科确立起来，但它的基本理论尚需充实、完善和发展，语言学家对语用学理论进行了梳理和总结，使其系统化，并使研究内容具体化。列文森的《语用学》的问世对语用学的发展做了系统的概括和总结，标志着语用研究领域的框架已经形成。利奇的《语用学原则》阐述了语用学研究的理论和方法问题，尤其是利奇提出的"礼貌原则"是对格赖斯"会话含义"说的重要补充和发展。

20世纪80年代以来，语用学得到了较大发展，成为当代语言学研究的主流，不过语用学在发展的过程中出现了学科界面问题的讨论。学科之间界限最模糊的是语义学和语用学的关系，对这两者关系的讨论注意力比较集中，争议也较大，归纳起来有三种观点：一种认为语义学从属于语用学;一种认为语用学从属于语义学;一种认为语义学和语用学是既相互独立又相互补充的两个领域。尽管观点不一,界限难分,但普遍认为语义学是研究形式和意义相匹配的语言现象,语用学则是研究形式和意义不相匹配的语言现象。在句法学和语用学的关系上,研究主要是关注包括语言结构与语境的相互作用、说话人的交际意图与语言结构的关系、语句与言外之力的关系以及言外之力的表达方式,等等。

从语言的跨学科研究上看,心理学家、社会学家、人类文化学家对语用学产生了浓厚的兴趣。语用学的相关学科至少要包括心理语言学、社会语言学、人类文化学等边缘学科,语用学必然涉及语言多维,关注语言使用的社会、认知、文化等层面。学者们开始研究语用学同语言的跨其他学科之间的关系,发现语言使用受哪些心理、社会、文化等因素的影响,推动语用学同其他学科之间关系的研究,反之亦然。心理语言学,特别是认知心理学,对会话含义、前提和言外之力这些概念有极大兴趣,它考察儿童在认知发展过程中对语用结构的习得。这时期,对语用学同其他边缘学科之间关系的研究的注意力将转移到语言使用的社会和认知方面以及它们之间的关系上。这实际上是研究如何从功能和心理等方面来解释语言使用,为语言的综合研究提供了理论依据。

语用学研究在礼貌研究及跨文化等方面也取得了喜人的成果。布朗和列文森在1978年提出的面子论和利奇在1981年提出的礼貌原则引发了不少学者对礼貌进行大量研究,并提出了不少修正意见。礼貌本身既有文化普遍性,又有明显的文化差异性,但布朗和列文森的面子论和利奇的礼貌原则基本上都是以英语文化为依据的,各国学者对这两大理论的应用都提出了不少看法,也有不少人提出更适合本国文化国情的礼貌原则或准则,但总的来说还没有看到跳出这两大框架的突破,不过有关研究已开始涉及跨文化语用学等领域。

在语用学研究的进程中,研究视角已从静态研究转向了动态研究。语用学研究的是交际中的语言。语言交际本身是一个动态的过程,因此,语用学研究理应是一种动态的研究。这个阶段的研究开始关注语用学研究的动态性,注重语境与认知的相关动态因素以及意义在这些因素干涉下的动态性。语境研究不仅关注交际的时间、地点、场合、交际者以及他们的相互关系等对语言形式的选择、话语构成方式的制约因素,而且注意研究交际参与者如何操纵、调动某些语境因素以达到自己的交际目的。随着"关联论"的提出,语用学研究转向对认知的求诉,旨在解释心理认知因素在话语理解中的作用,并开始注意言语行为的整个活动,不断扩大研究范围,逐步注意在宏观视野下的研究。

三、20世纪90年代至今的西方语用学研究

这个时期的语用学研究发展迅速,出现了一批新成果。何兆熊教授回顾了20世纪70年代到90年代的语用学研究,认为20世纪70年代是语用学的兴起阶段,20世纪80年代是它的定型阶段,20世纪90年代是语用学研究的成熟、丰满期。20世纪90年代以来,除了大量的学术论文外,一批语用学研究的专著相继问世,如格林的《语用学与自然语言

理解》、梅伊的《语用学引论》、格兰迪的《行为语用学》、托马斯的《交互中的意义：语用学简介》、尤尔的《语用学》、维绪尔伦的《语用学新解》等。这些语用学专著是对前一阶段语用学研究的拓展与深入，各具侧重，如格林侧重语用的形式方面，而梅伊则偏重社会的角度。

20世纪90年代，人们开始注重采用综合的观点来进行语言研究。梅伊在《语用学引论》一书中重视会话研究，区分微观语用学与宏观语用学。英美学派认为语用学是研究语言在应用过程中表现出来的意义的一门科学，是语言学的一个分支。它与音位学、音系学、句法学、语义学处于平行的地位，有自己的基本分析单元，如指示语、前提、会话含义、言语行为、会话结构等。语用学的任务就是对这些话语成分做动态的研究。英美学派对语用学的范围划分得较为严格，比较接近传统的语言学内容，多与研究句子结构和语法有关，故称作微观语用学（micro pragmatics），又称语用学分相论。欧洲大陆学派反对"基本分析单元说"，他们认为语用学不仅不能和语音学、音位学、形态学、句法学、语义学相并列，也不属于神经语言学、心理语言学、社会语言学、文化语言学这类跨学科领域。这些领域中每一个学科都有自己与语言研究联系的相关对象。欧洲大陆学派将语用学具体化为一种从认知的、社会的和文化的整体角度对语言现象的综观，即认为语言的各个方面和各个层面上都有语用学的问题。维绪尔伦的《语用学新解》和梅伊的《语用学引论》都属于这类研究。维绪尔伦系统地论述了语用学综观论和语言顺应理论。他认为语用学没有基本的分析单元，它是对语言各个层面的功能性综观，在语言所有的层面上都有值得语用学研究的问题。语言顺应理论认为语言具有变异性、商讨性和顺应性，语言使用的过程实际上是为了顺应而不断做出语言选择的过程。任何语用描写和语用解释都应从语境顺应、结构顺应、动态顺应和顺应过程的意识程度四个角度进行综合的语用分析。综观论认为语用学覆盖其他语言学科，没有基本的分析单元，是从认知、社会、文化等角度就语言使用功能所做的综观。维绪尔伦等坚持语言使用的语用功能综观论以及语用学研究的综观论。维氏并不主张从狭义的角度探讨人际互动中的语言意义，而是以"语言使用的语言学"为主导思想，从认知、社交和文化等视角关注语言选择与理解以及人际交往。为此，从音素到语篇（或话语）结构等所有与意义生成和理解有关的语言现象都可视为语用学的探讨对象，语用学研究应该是广义的。同时，语言结构或形式的选择及其意义也是非静态的，具有动态性和语境顺应性。为此，指示语、言语行为、含义、会话结构、礼貌等传统议题不应被视为不同的语言现象，它们是共同现象的不同谈论方式而已。可见，维氏的语用学研究视角已经发生了变化，他注重的是宏观研究。

关于这段时期的语用学研究与发展趋势，笔者发现：①从元语用学角度研究语用学；②从社会学角度研究语用学；③从语际语用学角度研究语用学；④语用学研究从理论到实证研究；⑤语用学研究从认知、心理实验及博弈论等视角出发，尝试为意义研究另辟蹊径；⑥语用学研究出现哲学倾向，语言研究涉及哲学上的本体论和认识论问题，语用学研究从传统的有关意义的研究扩展到对整个话语及言语交际过程的多视角研究，并着力尝试新的语用学研究方法论，不再将语用学局限于语言哲学的定式；⑦突破英美语用学研究传统，将语用学具体化为一种认知的、社会的和文化的语言综观，认为语用学涉及的是语言性行为的全部复杂现象，反对将语用学与音位学、形态学、句法学、语义学、神经语言学、心理语言学、社会语言学等语言学分支并列，从而形成与英美传统相对的语用综观论。参照《语用学总书目》《简明语用学百科全书》《语用学手册》等专著、语用学权威期刊《语用学杂志》和《语用学》等杂志上的成果以及部分语用学新著，冉永平提出了当代语用学的发展趋势：20世纪90年代后期，尤其是21世纪初以来，语用学研究呈现相互渗透的多学科交叉的发展趋势，语用学涉及的相关论题包括语用学与语法、语用学与句法学、语用学与语义学、语用学与词汇学、语用学与语言习得、语用学与计算语言学等论题。更多学者将语用研究和认知结合起来，同时开始关注语言使用与社会文化、大脑神经等的关系以及语用学研究的方法论。对语用学做各种跨面和不同视角的分析，从而兴起了集中研究语言在社会的使用情况的社会语用学、研究文化与语言使用关系的文化语用学；研究人们使用第二语言进行跨文化交际过程中出现的语用问题的跨文化语用学；运用民族志方法研究语用问题的民族志语用学；以神经生理科学为基础探讨言语使用过程中大脑作用的神经语用学；专注两种以上语言的语用差异的对比语用学；将西方经济学成熟的理论用于语用行为分析的经济分析语用学；研究儿童对语言规约和社会知识的敏感性及其发展情况的发展语用学以及文学语用学、历史语用学等。

  除了英美学派和欧洲大陆语用学派之外，俄语语用学理论与实践研究也得到了迅速的发展。俄国的言语活动思想出现在20世纪30年代。俄国语用学的发展不是因为俄国学者把西方语用学的论题移植到了俄语学中，而是一批学者能够自觉地把言语活动看作生活的一种形式，并通过语言努力认识人类思维与行为的本质。研究语言、思维、行为的关系时，言语活动在智力活动与现实活动之间起着中介的作用。而言语行为、智力行为、一般行为模式成为俄语语用学的三大主题。俄语语用学的另一基础是俄语结构功能语言学，语用学的部分对象也是功能语言学各学科所涉及的。这些学科包括功能修辞学、功能语法、交际句法、实义切分、话语语言学、交际语言学、巴赫金话语理论、演讲学，等等。周民权综述了近二十多年来俄语语用学理论在中国的研究历史与现状。俄罗斯语言学家紧跟世界潮流，于1970—1979年在莫斯科主持召开了一系列国际研讨会，在译介和综述西方语用学理论的同时，较系统地论述了如何以俄语为语料进行语用研究的问题，对俄语语用学理论的起源、研究方法、基本原则和研究对象等问题进行了认真的探讨，并进入以俄语为分析对象、以解释俄语为目的的发展阶段，逐步形成了一套以俄语结构功能语言学为基础，以言语行为、智力行为、一般行为模式为主题的俄语语用学理论体系。俄语语用学理论在中国同样经历了一个引进和发展的过程。倪波的《国外关于语用学的探索》一文，介绍、评述了西方和俄罗斯学者的言语行为等理论。此后，相继出现了楚谭的《浅谈语句的语用意义》、常宝儒译述的论文《言语行为理论：对各流派和倾向的概述》、郭幸揩的《语用学中的"前提"理论》、华勋的《说话人与受话人：从语用角度分析言语行为》等有关论文，对于推动我国俄语界的语用学研究起到了重要的作用。20世纪90年代后，我国的俄语语用学研究开始活跃起来，引进、译介、评述性的文章明显增多，内容涉及语用学理论的各方面。关于1982至1996年我国俄语语用学研究的基本情况，崔卫在《我国俄语语用学研究概观》中做了较为详尽的阐述，介绍了我国俄语学者们在"言语行为理论"等方面的研究成果，分析了部分学者的观点和见解，提出了今后需要解决的几个问题。俄国的语用学发展经历了与西方两大学派相似的道路，但其研究的哲学基础比较薄弱，创新的力度也非常有限。

语用学作为一门独立的学科，拥有自己的研究宗旨、研究视角和研究方法。同时，它又与其他学科相交叉，或者直接进入不同的学科，与它们拥有同一个研究对象，从而成为一门跨学科的语言学科。语言学中有一些新的相关学科应运而生，如篇章语用学、交际语用学、认知语用学，等等，正呈现综观的发展态势，同时微观研究不断深入，建构起跨学科的研究路径。随着语用学研究的不断深入和发展，语用学研究的路径将越来越宽，研究的问题将越来越有深度，其研究方向将不断走向综观发展。近几年，越来越多的学者对各种不同的理论提出了自己的看法，注重学科的兼容研究，开始注意在不同的理论之间寻找共同点或结合点，大胆吸收其他理论的长处，走互补的路子，在理论与应用方面都取得了较为显著的成果。

第三章 言语行为理论

言语行为理论（Speech Act Theory）是第一个完整的重要语用学理论。其创始人奥斯汀是英国牛津大学哲学教授，后继者塞尔是奥斯汀的学生，在美国加利福尼亚大学伯克利分校执教。从1952年开始，奥斯汀在牛津讲授题为"言与行"（Words and Deeds）的课程。1955年，他被邀请到哈佛作讲座，把讲稿题目改成了"怎样用词做事"（How to Do Things with Words）。这是他的思想第一次被美国公众了解，但立刻受到普遍关注。这一思想迅速冲出哲学界，成为语言学，特别是语用学的重要研究内容。1969年，塞尔以其1959年的博士论文为基础，出版了《言语行为篇语言哲学论文》（以下简称《言语行为》）一书，从此"言语行为理论"成了该理论的正式名称。

第一节 言语行为理论的起源

言语行为理论刚面世的时候，给人们的冲击很大。大家感觉，这是一个全新的理论，历史上从来没有人提出过类似的思想。奥斯汀在他的文章或讲演中也从没提到过，他曾受到哪位先哲的启发，似乎他的理论完全是他独立思考的结果。这可能是事实，他可能确实没有受到某个个人的特别影响。但同样不容否认的是，任何一个人的思想都不能脱离当时的学术氛围，而当时的学术氛围都是前人研究的继续和发展。奥斯汀是一位独创性很强的作者，他的思想有很大部分是创新的。尽管如此，笔者认为其渊源也是明显的。

从最广泛的角度看，言语行为理论讨论的是言与行、说话与做事的关系，而这个话题是人们经常谈论的。虽然比较通行的看法，认为两者是对立的，但把两者看成是一回事的观点，并不是从来没有人提出过。一个较近的例子是伦敦大学的波兰裔人类学家马林诺夫斯基。他在1923年强调，"语言的原始功能是作为一种行动方式，而不是思想的对应物"。语言在最初的时候"从来没有仅仅被用作反射思想的镜子"，这是"语言的一种很牵强的派生的功能"。"在最初的使用中，语言作为人类行为，是连接人类一致行动的纽带。它是一种行动方式，而不是思考的工具。"马林诺夫斯基还为只有社会功能、不传递思想的语言交际，自撰了一个词语"phatic communion"。这在当时是很有影响的一种观点，我们有理由相信奥斯汀对此至少是有所耳闻的，即使不是完全了解的话。事实上，奥斯汀曾说过一句话，与上述马林诺夫斯基的观点很接近。他反对把语言的功能只说成是"描述"，并把这种意见称为"描述性偏见"。他认为,"即使一部分语言现在是纯粹描述性的,语言也不是历来如此的,而且很大一部分语言现在仍然不是描述性的"。他后来所谓的"施为句"就属于这样一部分语言。它们的作用不是"描述"行为,而是"实施"行为。

从哲学界内部来看,奥斯汀思想的渊源就更清楚了。奥斯汀属于日常语言哲学派(ordinary language philosophy),是20世纪最重要的哲学派别——分析哲学(analytic philosophy)的一个分支。分析哲学的另一个重要分支是逻辑实证主义(logical positivism)。这两个分支都相信很多哲学问题实际上是语言问题,只要对语言有一个正确的分析,哲学问题就会迎刃而解。但两者之间的分歧也是很明显的,其中一个主要表现是对自然语言的看法。逻辑实证主义者认为自然语言是模糊不清的,不能准确表达哲学命题,因此需要批判自然语言,并以数理逻辑为手段,建立理想的、精确的人工语言。他们强调用逻辑方法分析语言的形式,或者说,分析语言的逻辑形式。日常语言派则认为,自然语言本身是完善的。概念的模糊不清,原因不在语言,而在于对日常使用的自然语言缺乏正确的分析。因此,他们特别重视对自然语言的日常用法进行认真、仔细的分析。在这方面,奥斯汀比其他任何人都要突出,以至于有人认为他与其说是哲学家,不如说是语言学家。

第二个分歧是对意义的看法。哲学家、逻辑学家历来关心的一个问题是句子的真值问题。逻辑实证主义者继承并发展了这一传统,认为一个句子只有能被证明是真的还是假的,才是有意义的,才值得研究。而且,他们根据真值条件来定义意义。日常语言哲学家则持不同的看法。例如,后期维特根斯坦认为,"一个词的意义就是它在语言中的使用"。斯特劳森主张把句子和句子的使用区分开来。在他看来,一个抽象的句子是谈不上真假的,只有实际使用中的句子才有真假。奥斯汀的理论是对逻辑实证主义者只研究有真假的句子的反动。他认为很多句子是没有真假的,它们照样有意义,照样值得研究。这是他的施为句理论的起点。

第二节 施为句

20世纪30年代末期,奥斯汀跟普里查德讨论了"许诺"(promising)问题。他开始思考为什么"I promise"这样的句子,看起来跟"I play cricket"一样,是在谈论自己,实际却是在做事。当一个人说了"I promise",他实际上就完成了"许诺"这样一种行为。

1946年,奥斯汀参加了一个关于"他人的心"(other minds)的专题讨论会。剑桥哲学家威斯顿曾就这个题目写过八篇文章,讨论我们怎么知道别人在想什么,以及"知道"(know)这个词的含义到底是什么。他在这个讨论会上做了主题发言。奥斯汀在自己的主题发言中说,他同意威斯顿的大部分主要观点,但想就几个次要问题谈点看法。一个人关于自己的感觉的知识是一种特殊情况。在不涉及预测时,如果一个人感觉痛,并说他痛,那他就不可能错。威斯顿把这种关于自己的感觉的句子,即"I'm in pain."这样的句子,称作"感觉叙述句"（sense-statements）。他说这种句子的特点是，"当它们是正确的时候，而且当 X 说出来的时候，X 知道它们是正确的"。

奥斯汀认为"感觉叙述句"并不特殊。在不涉及预测，只讲对当前状态的判断时，应用非感觉叙述句的人也可以不错。如果一个人在说"This is a (real) oasis"时，已证实了自己的判断，比如，在这个地方找到了水，那他也不会错。

感觉叙述句的一个更主要的问题是，我们不可能对自己的感觉十分肯定。比如味觉，你可能感觉你尝到的是一种很难描述的味道。即使是像视觉那样我们比较有把握的感官，我们也有拿不准的时候。比如，到底什么是品红（magenta），怎么跟木槿紫（mauve）、浅紫色（heliotrope）区分？

奥斯汀把"I promise、I know"这样的词语叫作"程式用语"。在合适的条件下，说出这些程式用语，就是实施某种行为。例如，当你未婚或丧偶，跟一个未婚或丧偶的女人一起，在没有违反任何禁忌的情况下，面对神父说"I do"时，你就跟这个女人结成了夫妇。当你拥有某样东西时说"I give"，你就把这样东西给了别人。当你有权力发号施令时说"I order"，你就发出了一个命令。

在《怎样用词做事》中，这些"程式用语"被改称为"施为句"。奥斯汀当时对它们的概括是：

A. 它们不"描述"或"报道"或"断言"任何东西，不存在"真假"；

B. 说出这样的一句话，就是实施一种行为，或实施一种行为的一部分。这种行为一般也不会被描述成说话，或"只是"说话。

然后，奥斯汀进一步探讨了施为句与叙事句的具体区别。他强调施为句虽然没有真假，但仍有一些条件需要满足，否则就不能起到实施行为的作用。这些合适的条件（felicity condition）包括：合适的程序、人员、场合以及有关人员的相应思想状态。

但是，他很快发现这些条件并不像他希望的那样管用。它们只在部分情况下管用，只适用于部分施为句。例如，实施许诺行为的施为句不需要固定的程序，说话人可以用"I promise"或者"I give my word"，甚至可以只是简单叙述要实施的行为，如"I'll come at nine o'clock."。此外，所谓叙事句也有合适问题。在法国现时政治体制下，"The present King of France is bald."这句话是不合适的；就像一个人没有桑索维诺的作品，却说"I bequeath you my Sansovino."一样。实施许诺行为的人需要有相应的意图，同样，断言某种状态的人也必须有相应的信念。没有人能说"The cat is on the mat, but I don't believe it."。

他注意到很多施为句采用第一人称单数主语、现在时态、直陈语气、主动语态。这能不能成为施为句的标志呢？他的结论是，同样不行。主语可以是第一人称复数、第二人称，甚至第三人称；被动语态、祈使语气、过去时态也都可以用。

因此，奥斯汀说"看来，施为句与叙事句并不是总能轻松地区分开的"，"应该重新开始讨论这个问题"。事实上，奥斯汀在哈佛讲座时对施为句／叙事句区分的态度跟早年时已不一样了。他已不再认为这是一个有价值的区分。该讲座第一讲的第一个小节题为"施为句的初步分离",他注明"这里所讲的一切都是临时性的,都可能在后来的讨论中修正"。这就是说,到了1955年,甚至在这之前,奥斯汀的兴趣已不再局限于特殊的施为句。他这时候对施为句的讨论只是为了提出一个新的适用面更广的理论——"行事行为理论"。

第三节 行事行为理论

随着研究的深入,奥斯汀意识到在某种意义上,每个句子都可以用来实施行为,不是只有施为句才有这种功能。就连像"state"这样典型的描述性、叙事性动词都可以用来实施行为。当一个人说"I state that I'm alone responsible for it",他就发表了一个声明,承担了一种责任。这是什么原因呢?为什么每个句子都可以用来实施行为呢?

奥斯汀认为,这是因为当一个人说话时,他实际上同时完成了三种行为。第一种行为是通常意义上的行为:移动发音器官,发出语音,并按规则将它们排列成合格的词、句子。

奥斯汀要强调的是,"我们可以说,实施一个说话行为,一般也是,而且本身就是,实施一个(我所谓的)行事行为。例如,在实施一个说话行为时,我们也在实施下列行为:提出或回答一个问题,提供一种信息、保证或警告,宣告一个裁定或意图,公布一个判决或任命,提出一项申诉或批评,做出一种辨认或描述,以及其他各种类似的行为"。

假设,A君对B君说"Morning!",其说话行为是A君说了一个英语词,或称一句话。该词本意指早晨到中午这段时间,A君在此意欲通过使用该词,向B君传递问候。这是行事行为。如果两人关系正常,这句话的效应不会很明显,他们只是一如既往而已。如果这之前两人有过摩擦,那么A君这句话有可能导致关系好转。但如果B君对A君成见较深,他可能不接受A君的友好表示,而把这看成是虚伪的行为,结果两人的裂隙反而会加深。尽管这违背了A君的原意,这种结果仍是A的一个取效行为。行事行为跟说话人的意图有关系,取效行为却跟说话人的意图无关。它只指一句话导致的结果,不管这结果是什么。

奥斯汀承认行事行为不是一个"清楚界定的类别"。而且,"行事语力"可以被看作"meaning"的一部分。当A君对B君说"Morning!"时,我们可以说"A meant it as a greeting."。但是,奥斯汀强调,"我希望把语力跟意义区别开来(意义只等于含义和指称),就像把含义跟指称区别开来一样"。

奥斯汀的理论第一次在西方学术界把言外之意正式提上了议事日程,在各方人士中引起了热烈反应,许多人就此展开了讨论。其中关于说话行为跟行事行为之间的区分的争论尤其激烈。科恩完全反对这一区分。他认为行事语力这个概念是空的。说话行为跟行事行为,或者说意义跟语力,是很难分清楚的。在"Is it raining?""I ask whether it is raining."这样的句子中,说话行为跟行事行为是一样的,也就是说,意义跟语力是一样的,都是"询问是否在下雨"。

尽管说话行为跟行事行为，或者说意义跟语力，有时候是一样的，但这并不能证明这两者是完全一样的东西，因为它们还有很多时候是不一样的。当我们说"morning"的本意是"早晨到中午"这段时间，而人们能用它表示"问候"时，有人可能会想，这难道不是"morning"的正常用法吗？不可否认，用"morning"表示"问候"已在很大程度上成了常规；但也不要忘记，在合适的场合，"morning"也可以表示"再见"。科恩自己就提到"I wish you good afternoon"可以表示"你可以走了"。只是他认为这也是"I wish you good afternoon"的意义的一部分。而奥斯汀认为，把意义分成比较固定的一种，和随语境而变的一种，可能更有利于研究。笔者认为奥斯汀的看法是可取的，尽管这两者不是任何情况下都能分得很清楚的。打个比方，意义跟语力，说话行为跟行事行为，就像词素跟词这两个语言单位，虽然很多词素本身就是词，却不能因此证明两者是一个单位，没有必要区分。

塞尔也认为说话行为跟行事行为不好区分，但他的解决办法是用其他术语来代替"说话行为"。奥斯汀曾经把说话行为分成三个小的行为：发音行为、措辞行为、表意行为。他举例说"He said I get out."报道的是"措辞行为"，"He told me to get out."报道的是"表意行为"。"He said 'Is it in Oxford or Cambridge？'"报道的是"措辞行为"，而"He asked whether it was in Oxford or Cambridge."报道的是"表意行为"。塞尔觉得报道表意行为时所用的动词，如"tell（somebody to do something）""ask（whether）"，也是行事行为动词（illocutionary verb），尽管它们比较概括，不那么具体。这就是说，行事行为跟表意行为是重合的。塞尔猜想在区分说话行为跟行事行为时奥斯汀想到的可能是行事行为的内容，或者是某些哲学家所谓的命题，跟行事行为的语力或类别之间的区分。因此，他提议用"命题行为"来代替"表意行为"，保留"发音行为""措辞行为"，取消"说话行为"。这样一来，原来的说话行为和行事行为之间的二分现在成了发音行为、措辞行为、命题行为和行事行为之间的四分。

塞尔在重新命名"说话行为"等行为以后，有一段话很清楚地说明了这些不同行为之间的关系。笔者认为这段话同样适用于说话行为跟行事行为之间的关系。"当然，我不是说，说话人同时做这些不同的事情，就像一个人同时抽烟、读书、挠头一样。我的意思是，在实施行事行为时，一个人常常实施了命题行为和说话行为。说话行为、命题行为跟行事行为的关系，也不应被看作买票、上车跟坐火车旅行之间的关系。它们不是手段跟目的之间的关系。说话行为跟命题行为、行事行为之间的关系，应该像在选票上打叉跟选举之间的关系。"这个比喻很形象地说明说话行为跟行事行为是同一种行为——在选票上打叉。只是看问题的角度不同，着眼点不同，才分成两种行为。从该行为的本身看，我们把它叫作"打叉"，即"说话行为"；从该行为的目的看，我们把它叫作"选举"，即"行事行为"。

第四节 行事行为的分类

在说话行为、行事行为、取效行为三者中，奥斯汀的研究重心是行事行为，他的言语行为理论实际上就是行事行为理论。而行事行为到底有哪些类别是奥斯汀关心的一个重要话题。他在《怎样用词做事》一开始引进"I name this ship the Queen."等例句时，就加注说"这样做不是没有意图的，这些都是'明确'施为句，而且是将被叫作'行使职权型'的那个重要的一类"。他用典型的施为句形式（即采用第一人称单数主语、现在时、直陈语气、主动语态的句子）为测试框架，把英语动词放到其中，看看它具有什么行事语力，并以此为根据将行事行为分门别类。奥斯汀呈现了他的初步结果，将行事行为分成以下五个类型。

（a）裁决型

所谓"裁决"是指陪审团、仲裁人、裁判等根据证据或推理对某些事件的性质做出裁决、判定、估量。例如，陪审团宣告某人无罪时，他们就是根据他们听到的证据做出了一种裁决、判定。用于这一类型的英语动词包括"acquit, convict, find（as a matter of fact）, hold（as a matter of law）"等。

（b）行使职权型

行使职权型涉及权力的使用。"这是一种决定——某事应该如此，而不是判断——某事是如此；是倡导——应该如此，而不是估计——是如此；是判决，而不是估量；是宣判，而不是裁定。"重要的动词有"appoint, degrade, demote, dismiss, name"等。

（c）承诺型

承诺型的要点是使说话人承诺某种行为。当一个人许诺时，他就承担了实施所许诺行为的义务。用于这一类型的动词有"promise, covenant, contract, undertake, bind myself"等。

（d）表态行为型

表态行为型跟社会行为有关，如对别人的行为做出反应等。重要动词包括"apologize, thank, deplore, resent, welcome, challenge"等。

（e）阐述型

阐述型动词用于阐述性行为中，包括说明观点、展开论证、澄清用法和指称。这样的动词有"affirm, deny, tell, ask, testify, agree, argue, conclude, define"等。

奥斯汀自己对这个分类也不满意。"最后这两类我觉得尤其棘手，它们很可能是不清楚的，或交叉的，甚至可能需要一个全新的分类。我这些意见丝毫不能算最后意见。表态行为型比较棘手是因为它们似乎太杂乱无章。阐述型则是因为数量特别多，而且重要。它们似乎既能包括在其他类中，又有自己独特的地方，而我自己还不清楚到底是什么。很可能的情况是，所有这些问题在五个类型中都存在。"

奥斯汀的感觉应该说还是比较客观的。他对前三类比较有把握，因为这些是比较常见的用语言做事的场合，最接近他最初提出的施为句。而后面这两类却很难概括剩下的所有行事行为，所以让人觉得杂乱。他以英语动词为例说明行事行为，也使人觉得不好接受。很多词都是多义词，同一个词会出现在不同的类型里。如，"understand, describe, analyse"既属"裁定型"，又属"阐述型"；"swear, agree"既属"承诺型"，又属"阐述型"；"favour"既属"承诺型"，又属"表态行为型"。有的词用法稍有不同，归属不同的类，如"interpret as"在"裁定型"里，"interpret"在"阐述型"里；"mean to"在"承诺型"里，"mean"在"阐述型"里。另外，"interpose, doubt, know, believe, emphasize"这五个词被打上问号，放在了"阐述型"里，看来奥斯汀也有些犹豫。这涉及上文提到过的对"I know"句式的看法。奥斯汀曾经把它跟"I promise"归为一类，都可以用来做事。但是，两者的区别也是很明显的。一个人说了"I promise"，就做出了一种许诺；说了"I know"，却不等于就"知道"了。他把"shall"作为主要动词，放在"承诺型"里，也被认为不合适。总之，这个分类主观随意性太强，缺乏比较可靠的可鉴定的标准。因此，接受的人不多。

塞尔在写作《言语行为》时，认为是否可以把行事行为分成几个基本类型是个很难回答的问题。其中一个原因是，"能够使我们有根据说某个行事行为属于这一类而不属于那一类的区分原则十分复杂"。两年以后，即1971年，他改变了看法。他在纽约布法罗市的暑期语言学班上做了题为"行事行为的分类"的讲演。他认为行事行为可以在12个方面有区别。其中4个主要方面是行事要点、词语与世界的适切方向、所表达的心理状态、命题内容。

所谓行事要点是指说话人说一句话时的意图。"一个命令的要点或意图可以说是一种要听话人做某事的企图。一个描述的要点或意图是（真或假，正确或不正确地）再现某事的状态。一个许诺的要点或意图是说话人承担一种做某事的义务。"所谓适切方向是指先有事实，然后用词语去适合它，如"断言"；还是先有词语，然后用行动去适合它，如"许诺"或"要求"。所谓心理状态是指说话人对所说命题内容的态度。"一个人声明、说明、断言、声称某事时，表示他相信某事是事实；一个人命令、指示、要求听话人做某事时，表示他渴望、想要、希望听话人做该事；一个人为某事道歉时，表示他因做了该事而后悔。"所谓命题内容，上文解释"命题行为"时已指出，是指指称和陈述的内容。当塞尔把它用作区分行事行为的标准时，主要是指行事语力显示手段所体现出来的不同。例如，报道和预测的区别在于预测是关于将来的，而报道是关于过去或现在的。

在《言语行为》中，塞尔曾提出，合适条件不仅是否定性的，不满足就不能实施行为，而且应该是肯定性的，如果满足了，就构成言语行为。

第五节 间接言语行为

在《言语行为》中，塞尔提到"promise"这个词可以具有"许诺"以外的行事语力。例如，①的行事语力是警告或威胁。②用于别人指控你偷钱时，则是明确否认。

① If you don't hand in your paper on time I promise you I will give you a failing grade in the course.

② No, I didn't, I promise you I didn't.

另一方面，实施许诺行为不一定要用"promise"这个词。你可以只说"I'll do it for you."，只要在说话时，你承担了将实施该行为的义务就行。这就是说，只要许诺的必要条件得到满足，不用"promisee"照样可以实施许诺行为。同样，"I wish you wouldn't do that."是一个"要求"，而不是"希望"。

塞尔认为"说话的这种特点———句话在语境中不用某种必要条件所需的明确的行事语力显示手段，就可以表明该必要条件已得到满足是许多礼貌用语的根源"。例如，"Could you do this for me？"这句话，尽管有词汇意义和疑问句的行事语力显示手段，却常常不是用作关于你的能力的虚拟提问，它常常是用作要求的。

1975 年，塞尔在《间接言语行为》这篇文章中，把上述言语行为，或行事行为，叫作间接言语行为———"通过实施另一个行事行为而间接地实施的一个行事行为"。他说最简单的表达意义的情形是，说话人说一句话，他的意思完全就是他所说的字面意义。但是，在间接言语行为中，说话人的话语意义和句子意义是不一致的。他把话语意义叫作"首要行事要点"，字面意义、句子意义叫作"字面行事要点""次要行事要点"。说话人怎么能说一层意思，而另外还表示一层意思呢？刚才提到，塞尔曾在《言语行为》中把这种可能性归于有关的必要条件得到了满足。现在他认为那个答案是不全面的，要解释间接言语行为，需要"言语行为理论，合作会话的一般原则，说话人、听话人共同享有的事实背景信息，以及听话人的推理能力"。

那么，塞尔的间接言语行为理论又怎么样呢？能令人信服地解释他所要解释的现象吗？笔者的回答是否定的。

第一，他把实施间接言语行为的句子内容跟有关言语行为的合适条件挂钩，这种做法很牵强。他关于间接指令的四条规律，只有三条直接对应于合适条件。第四条涉及实施有关行为的理由，跟合适条件的关系比较松散。而跟这一条有关的句子，即第五组的句子，数量很多。

他在《言语行为》中曾强调合适条件中的必要条件，也就是说，只要所说的话是意欲实施某种言语行为的，这句话就可以用来实施该行为。这种观点强调说话人的意图，跟格赖斯的非自然意义是一致的。如果谈话有什么规律的话，每个人说话都有目的，应该是一条很重要的规律。要理解一个人的说话，就是要找出其目的，也就是要找出说话人的意义。塞尔的间接指令之所以表面上是疑问句、陈述句，实际上却起到了祈使句的作用，就在于说话人的目的是要把它们用作祈使句。"The door, please." 能够起到提出要求的作用，也在于说话人的目的。

但是，正如塞尔在《言语行为》中指出的，说话人并不是绝对自由的。他并不能想表达什么意思就表达什么意思。他的意图要受到多种因素，句法的、语义的、语用的因素的限制。语用学在一定意义上就是研究说话人要遵守的语用规则。在这方面，格赖斯的会话含义理论指出了一个正确的方向。他认为"我们的谈话通常不是由一串互不相关的话语组成的，否则就会不合情理。它们常常是合作举动，至少在某种程度上；参与者都在某种程度上承认其中有一个或一组共同目标，至少有一个彼此接受的方向"。因此，他提出了合作原则，"使你的话语，在其所发生的阶段，符合你参与的谈话所公认的目标或方向"。塞尔正是认识到了这一点，才在《间接言语行为》这篇文章中引进了格赖斯的理论。但是，他做得还不够。他虽然在理解首要行事要点的十个步骤中，提到了合作会话原则，但在关于间接指令的四条规律中却对此只字没提。

第二，如盖士达指出，当塞尔坚持这样的句子仍然具有字面意义时，他忽略了一个问题，那就是这些句子作为"提问"的合适条件，可以把它简化、改写如下。

预备条件：S 不知道答案，不知道该命题是真，还是假。

真诚条件：S 需要该信息。

命题内容条件：任何命题。

必要条件：这可以看作 S 要从 H 处得到该信息的企图。

从本质上说，奥斯汀的行事语力和会话含义是一个东西，只是名称不一样而已。奥斯汀认为说话行为表达的意义只包括指称和含义，实际上就是指字面意义，虽然他没有这么明说。而行事行为表达的行事语力，则是说话人在特定场合想要表达的特定意义，也可以称为"说话人意义"或"话语意义"。这就是说，奥斯汀的意思是，人们说话的时候，不仅表达字面意义，而且表达说话人意义、话语意义。只不过，他把说话人意义、话语意义叫作"行事语力"，并且认为表达这种意义的行为，是另外一种行为，叫"行事行为"。字面意义是直接表达的，说话人意义、话语意义、行事语力则是在表达字面意义的同时，通过字面意义间接表达的。因此，奥斯汀的行事行为理论就是间接言语行为理论，塞尔根本就没有必要多此一举。

第四章 语用预设

第一节 预设的概述

一、预设的定义

预设也叫前提，是指言语交际双方都已经知道的常识，或者听到话语之后根据语境可以推理出来的信息；它并不在话语的表面显示出来，而仅仅包含在话语之中。例如：

《红楼梦》中凤姐送林黛玉茶叶的一段话："不用取去，我打发人送来就是了。我明儿还有一件事求你，一同打发人送来。"黛玉一听，顺着她的意思说："这是吃了他们家一点子茶叶，就来使唤人了。"没想到凤姐不但没使唤她，反而继续求她："你既吃了我们家的茶，怎么还不给我们家做媳妇？"

例中凤姐的话在意料之外，却又在情理之中。这里"吃了我们家的茶"，凤姐用的是它的另一层预设含义：女子受聘。语用预设在言语交际中扮演着十分重要的角色。

预设的研究起源于哲学界，是哲学和逻辑学的一个课题，最初由弗雷格于1892年提出来。20世纪50年代，英国语言学家斯特劳森发展了弗雷格这一思想，将这类现象看作自然语言中的一种特殊的推理关系。他指出，自然语句中任何有意义的语句都能推导出一个背景假设（预设），该预设可表现为另一个语句，因此，预设进入了语言学的研究范围并成为语言学特别是语用学研究的焦点课题之一。语用学重视预设对语境的依赖关系，把预设与说话人和听话人联系起来，赋予预设动态的特征，这是预设研究的一大进步。预设是一种潜在的已知信息，是交际双方共同认可的背景知识，曾被一些学者认为是"难下定义是出了名的""难以捉摸的概念"。由于预设的特殊复杂性，直到现在仍然没有建立起一种完备的预设理论。何自然认为，语用预设是指那些对语境敏感的，与说话人（有时包括说话对象）的信念、态度、意图有关的前提关系。语言学家对预设从语用角度所做的侧重不同、措辞不同，但他们有一个共同点那就是任何一个语用预设的界定都是把预设和说话人联系在一起的，而语义预设则是把预设和句子或者和句子的命题联系在一起的。也就是说，从语用学的角度看，预设是针对说话人而言的，从语义学的角度看，预设是句子本身所具有的一层意义。语用预设对语境非常敏感，具有很强的语境依赖性，它通常是发话者为了保证其言语的适宜性而必须满足的前提，因而共同性是语用预设被理解的基础，而交际双方所共有的知识在交际过程中会不断得到调整、扩大。也就是说谈话在进展时，上下文也在不断变化，新的内容被吸收，某个命题的陈述在下个命题中就可能成为预设部分。

从逻辑推理的角度看，许多语用预设都暗藏有一个"三段论"。

例如：渡口下午六点停止摆渡。（语境）

甲：已经七点了！

乙：过不了河了！

这是一个完整的三段论。其中：

渡口下午六点停止摆渡——大前提（共知的）

"已经七点了！"——小前提（话面内容）

"过不了河了！"——结论（预设）

在日常生活中，人们经常只说一个小前提，结论让听话人推想。

许多广告都是一个三段论推理的语用例子。例如：

①聪明人选"傻瓜"。（长城比特"傻瓜"印刷系统产品广告）

聪明人选"傻瓜"。——大前提

希望自己是聪明人而不是"傻瓜"。——小前提。

我是聪明人当然要选"傻瓜"！——结论

②此地禁止抽烟，连皇冠牌也不例外。（广告词）

皇冠牌香烟是最好的烟。——大前提

此地禁止抽烟，连皇冠牌也不例外。——小前提

买烟就买皇冠牌香烟。——结论

二、预设的类别

第一，从语义内容来看，大致分为三种。

（1）存在预设

用于陈述某人某事有一定性质的话语，一般都预设讨论对象的存在。例如，"邓亚萍的每一块金牌都来之不易啊！"预设着"邓亚萍曾获得好几块金牌"。

（2）事实预设

用于陈述事实的表态性话语，一般都预设讨论对象是事实。例如，"她为自己没考上重点大学而感到遗憾"预设着"她没有考上重点大学"的事实。

（3）种类预设

凡是意义可以包含某集合属性的话语，一般都预设所讨论的对象属于某种范畴。例如，"山里的杜鹃开了"预设着"杜鹃"属于植物一类而不是人类或鸟类的名称。

第二，从表现形式来看，可分为两种。

（1）预设始终不出现

司机："刚才我不小心压死了您的猫，我愿意弥补您的损失。"

主妇："很好。但是，您真的会捉老鼠吗？"

司机的本意是属于以言指事承诺类行为，对未来的行为（弥补损失）做出承诺，即赔钱或赔一只猫等，但主妇故意误解了司机的承诺行为，"您真的会捉老鼠吗？"的预设是将司机本人作为赔偿物——猫的替身。

（2）预设在前文或后文出现

例如，"我的手机没电了，借你的用一下"。说话人要借什么？为什么要借？如果没有前一句预设，对方是无法听懂的。

又如，某人收到一条手机短信："我是一个暗恋你的人，见到你的第一眼我就认定你是我今生该等的人，但我唯一的遗憾是：我发错人了。"先扬后抑，开头就故意设下圈套，使人误以为对方真的暗恋自己。"我发错人了"这一预设突然改变话语路向，彻底粉碎对方头脑已形成的会话含义营造的境界，使收信者顿悟现实与所想的巨大落差，从而产生不凡的幽默效应。

三、预设的特点

（一）合适性

所谓合适，就是说预设要与语境紧密结合，预设是言语行为的先决条件。从客观真实性的视角可以看出，"语用预设"是实施一个言语行为所要满足的恰当条件，或者说是话语满足必要的社会合适性所需要的条件。如某人说："请把门关上。"预设：A.有一扇双方都知道的门；B.这扇门讲话时是开着的；C.受话人有能力完成关门的动作。若实际语境中并不具备A、B、C这些条件，例如，门原本就是关着的，这句话就不合适。又比如，经理向部下发号施令："你明天把设计方案交来。"经理发出的这个言语行为是提出一个要求，这个要求是否合适是有一系列的语用前提作为先决条件的。比如，要求明天完成的设计方案是双方都明确的那个方案；经理还知道他的部下有能力如期完成这个方案，等等。如果实际的语境并不具备这样的条件，比如，部下不知道经理说的是哪个方案，或者设计方案的工作量很大，根本无法在短时间内完成等，那么，这位经理的"号施令"不但毫无意义，而且很可能产生负面影响。

运用预设的合适性有助于正确发出言语行为，并使听话人正确理解这个言语行为。有时，说话人发出话语的预设不一定能得到听话人的理解，因为同一话语可能因为语境不同而暗示着不同的预设，所以预设的合适性的一个重要依据就是语境。

（二）共知性

语用预设必须是谈话双方所共知的，这一点更为重要。

从交际双方认知背景的视角可以看出，预设是发话人自认为与受话人共有的知识，或者说是背景知识。只有双方都理解这种知识，发话人才可能对受话人说某一句话，并且认为受话人能明白。如某人说："让小张试一试吧。"交际成功的前提至少包括双方都清楚：A. 谁是小张；B. 试什么；C. 在何时何地试。否则，就会出现交际失误。可见"语用预设"应与交际双方的已有知识相适应，具有"共知性"的特点。

预设的共知性可以有以下三种情况。

①预设往往是谈话双方或一般人共知的信息，它与语境紧密结合。语境明确，预设也就为双方或多方所了解，说话人说出的话，听话人可根据语境和预设做出不同的反应。

②预设的共知性要通过说话人的话语暗示出来，并得到听话人的理解。

③预设的共知性只限于说话的双方，第三者如不了解预设而只依靠语境是难以真正理解说话双方的对话内容的。

语用预设仅仅为发话人对受话人认知状态的主观假设，但客观事实上发话人话语中的语用预设可能并不为受话人所共知。在这种情况下，受话人的理解就会产生歧义，交际就有可能受挫。

例如，朋友 A 问朋友 B："我们家的电脑总死机怎么办？昨天早上死一次机，今天又死两次！"朋友 B 的姥姥在旁边说："喂土霉素就好了，我家也死鸡，昨天死一只，今天早上我看有一只要死就喂了片土霉素，好了。"这是一则笑话，此笑话就在于朋友 B 的姥姥不知道预设（电脑死机），而把它误以为是"死鸡"。预设为交际双方所共有，它存在于整个交际过程的语境中，而交际本身是一个动态的过程，这就意味着共有知识不是固定不变的，它随着交际的深入不断扩大、不断积累。原来不为交际双方所共知的事情会随着语言交际的深入变为双方共知的事情。例如："这篇文章很有价值，你看一看。"原来不为双方所共知的新信息，但到了第二分句就成了双方共知的事情。

（三）隐蔽性

语用预设具有隐蔽性的特点。从与语义载体相联系的视角可以看出，预设并非发话人通过句子的形式传达出的在线信息，而是隐含在话语中，由语境和话语暗示出来的背景信息。如"老王的桑塔纳花了多少钱？"此话预设了"老王曾经购买桑塔纳轿车"，尽管这不是此话所要传达的在线信息，但它却藏于句中，不管老王是否曾经购买桑塔纳轿车，在这句话中都是毋庸置疑的事实。预设在话语中的这种隐蔽性有很大的"欺骗性"，受话人稍不留神，就可能接受发话人隐藏的预设前提。预设的隐蔽性常常为技巧性谈话或广告所利用。比如，警察在盘问犯罪嫌疑人时常会问这样的问题让对方措手不及："案发当天你几点离开现场的？"这句话的语用预设是案发当天你在场。又如广告："为什么脑白金在首府如此热销？"（"脑白金"广告）预设：脑白金在首府非常热销。"事实胜于雄辩"，广告商将产品良好的销售情况作为已经存在的事实说出，胜于直接夸奖产品的显著功效，不管产品是否真有"热销",这则广告都会引起消费者的注意,并激发起人们的从众心理,从而竞相购买。

(四)动态性

有时说话人根据语用预设在具体语境中的体现方式和隐含意义,往往将预设进行改变,从而实现自己的语用意图。也就是说,在具体的语言环境中,一个话语可能有多个预设,一个预设也可能有多重含义,比如《三国演义》中,刘备派左半军伊藉出使东吴,孙权想给他来个下马威。伊藉进来拜见孙权。孙权:"你为无道之君做事,真是受难为了!"伊藉:"不就是为您行个礼吗?只不过一拜之事,算不上受难为。"

孙权此话说在刘备派伊藉出使东吴之时,虽然没有指名道姓地说谁是无道之君,但依据预设的合适性,一听就明白其预设的信息:刘备是无道之君;你是在替无道之君出使东吴。反应敏捷的伊藉对这个暗示的预设不予理睬,而是借用自己正在跪拜之事,巧妙地将"替刘备出使东吴"转为"向孙权行跪拜之礼",把"无道之君"的骂名加在了孙权头上。伊藉的预设维护了刘备的尊严,表明了自己的立场,有力地回击了孙权。孙权挨了骂,也是哑巴吃黄连。

在人们给小孩出的脑筋急转弯的题"鱼缸里有十条小鱼,死了一条,还有几条"中,小孩会做出这样的预设——死鱼不是鱼,而出题人的预设是死鱼也是鱼,小孩很容易掉入这种预设认知动态性的"陷阱"中。我们常常看到商家用"买一送一"这样的广告词招徕生意,顾客会误以为买一台电视机送一台电视机,真值!其实送的只是牙膏、洗衣粉之类的小礼品。这说明预设在语境中是动态的、变化的、多维的。

第二节 语用预设生成的认知理据

有学者在关联理论的框架下讨论了语用预设生成的认知理据,认为语用预设产生于交际参与者对话语关联性的寻求,是认知关联的结果。话语是否实现意图、交际者是否采取会话合作,可以通过关联性来测量。就明示—推理模式而言,说话人为了实现话语的最大语境效果,从而将双方共知的信息或假定对方已知的信息背景化,即处理为语用预设,以便突显明示的话语意义。听话人在会话合作、认知关联的基础上,结合话语的明示意义和语用预设,从而推理出话语的隐含意义。

语用预设把预设和说话人联系在一起,与语境密切相关,是动态的、具体的。简而言之,语用预设是说话人对语境所做的设想,是一个言语行为的必要条件,是交际双方所共有的知识。语用预设的这种"共知性"是交际得以成功的基础,没有这一共同拥有的背景知识,话语交际就不能顺利进行。语用预设绝大部分是由非语言因素引起的,跟语境密切相关,与交际双方的社会文化背景息息相关,与交际双方的关系密不可分。

关联理论认为语言交际的目标是用最小的认知努力获得最大的语境效果，即获得最佳的语境关联。交际双方基于相同或相似的认识环境，包括语境知识、背景知识和常规关系等，在交流时会寻找最佳关联点。为了寻找这个最佳关联点，说话人会对听话人的认识状态做一番充分的估计，并根据所做的估计对可以进入话语信息流的事实或事态做恰当判断和选择，断定哪些是对方熟悉的、已知的背景信息，哪些是有待对方了解的断言信息。说话人会将已知的信息作为预设，将其进行背景化的处置，同时将意欲交流的主要信息前景化，类似于格式塔心理学中的背景与图形，从而大大精简了话语，又保证了最佳关联性，确保了交流顺利进行。听话人会基于认知关联的直觉，对说话人明示的意义（显义）做出语义关联的推理，并检索认知图式中相关的知识，辨析出说话人的语用预设，从而推导出话语意义中的隐义。这个过程就是关联理论的明示—推理话语交际过程。斯博伯和威尔逊认为，在明示—推理交际中，听话人从言语行为的明说意义推导出说话人的真正意图一般要经过两个步骤：先推导出语境假设（contextual assumption），在此基础上再推导出语境含义（contextual implication），这里的语境假设即是语用预设。例如：

A：今天下午我们去看电影吧，我听说《傲慢与偏见》很不错。你有兴趣吗？

B：那些古装剧通常都很无聊。

B 显然没有直接回答 A 的问题。A 要理解 B 的话语意义，必须得出以下的隐含意义：

（a）《傲慢与偏见》是一部古装剧。

（b）《傲慢与偏见》很有可能是无聊的电影。

（c）B 对观看《傲慢与偏见》并不十分感兴趣。

一旦得出隐含意义（a），就很容易推导出（b）和（c）两个隐含意义：从 B 的话语明示意义和（a）即可推知（b）；从（b）和另一个较易及的语用假设——人们通常不愿意去观看他们认为枯燥的古装剧——可以推导出（c）。那么，A 是如何得出（a）这个隐含意义的呢？关联理论对此做出了最有说服力的解释。斯博伯和威尔逊认为，任何明示性的交际活动都意味着本活动有最佳的关联性；关联的程度取决于话语所具有的语境效果和处理话语时所付出的努力这两个因素。人们正是根据话语之间彼此关联的信息来理解说话人的意图。在本例中，A 依照最佳关联假设从 B 的话语编码概念中选取最易及的假设，并以此为基础来理解 B 的话语。也就是说，即使他不知道《傲慢与偏见》是古装剧，他也会很容易地建构这个假设，因为这个假设的语境效果最大，为之付出的认知努力也最小。

从这个例子可以清楚地看出，在理解蕴涵会话含义的话语时，推理假设都不是直接来自说话人的话语明示意义，而是听话人在话语明示意义的基础上，借助逻辑知识和百科知识进行语用推理分析的结果。

第三节　预设在语言交际中的价值

第一，利用预设可以减轻说话者的表述负担，也使得听话者免去理解话语的许多辛劳。其表现为把那些听话者可能熟悉的信息作为预设，从而使话语避免了令人烦闷的冗长。例如：

甲对乙说："我的手提电脑修好了。"要是把预设说出来，这段话就冗赘不堪了。他得这么说："你知道，我有一台手提电脑，是名牌，新买的，不久前坏了，呃，它原来是好好的。你知道的，学校附近有一家修理店，你看见的，我昨天才拿去，今天就修好了……"

第二，预设使话语蕴涵丰富，耐人寻味。由于说话人的真正含义并不在字面而在字里行间藏着，使人听起来既幽默风趣，又耐人寻味。例如：

国王举行盛大的宴会。来参加宴会的，都是有钱有势的人。在宴会上，国王赐给每个客人一套华丽贵重的衣服。同时，国王也叫来了阿凡提，当着众人，赐给他一块披在毛驴身上的麻布。

阿凡提恭恭敬敬地从国王手里接过麻布，再三向国王道了谢，然后高声向客人们说："贵客们！国王赐给你们的衣裳，虽然都是绫罗绸缎的，可都是从巴札买来的。他是多么尊重我呀！你们瞧，他竟然把自己的王袍赐给我了！"

阿凡提知道国王赏赐给他"一块披在毛驴身上的麻布"，是想当众羞辱他。机智的阿凡提不愠不怒，把"麻布"说成"王袍"，预设蕴含的言外之意：这块麻布曾经是国王穿的。从而既把自己从尴尬的境地中解脱出来，又羞辱了国王。

第三，利用预设可以增强话语的说服力。在交际中，说话者要把某些新信息以预设的方式说出，可以造成一种那是众所周知或毋庸置疑的客观效果。

赵元任曾指出："有时候说话人不愿意突出他的主要信息，故意把它塞在一个不显眼的地方，例如，我从前在爱因斯坦家吃饭的时候儿啊……"

"我从前在爱因斯坦家吃饭"的预设是"我曾经在爱因斯坦家吃过饭"，这个信息对听话者而言可能是新的，他或许会产生怀疑，但是说话者把这个信息作为预设处理的做法，可能会使听话者对自己的上述怀疑产生怀疑。

第四，利用预设进行有技巧的交谈。有的人为了使自己的言语行为达到某种效果，把自己的话语建筑在一个自己设想出来并对自己有利的预设之中，从而使对方产生错觉，在不知不觉中接受了这一预设，这是言谈的一种技巧。例如：

据说有两家米粉店，A店的收入总是比不上B店，有人细细观察，发现两个店的老板招呼客人的方式有所不同，对比如下。

A：要不要来一碗炒粉？

B：要炒的还是要煮的？

A：要不要放鸡蛋？

B：放一个蛋还是放两个蛋？

"要不要"预设着"可要可不要"，不一定成交；而"要……还是要……"的预设是已经成交。B店老板正是抓住人们常会顺着发话人的预设回答问题的交谈习惯，换来了红红火火的生意。

有时候，说话人会顺着对方的话巧妙设置预设，也能收到很好的效果。例如：

阿凡提害眼病，看不清东西。国王偏要叫他来看这个、看那个，还取笑他道："你不论看什么，都把一件东西看成了两件，是吗？你本来穷得只有一头毛驴，现在可有两头了，阔起来了。哈哈！"

"真是这样，陛下！"阿凡提说，"比如我现在看您就有四条腿，和我的毛驴一模一样呢！"

显而易见，国王的话语是嘲笑阿凡提穷。阿凡提将计就计，巧借国王的话作预设：我能把一件东西看成两件。那么，你国王有两条腿，现在我看起来就有四条腿，就和我的毛驴一模一样。国王本来想取笑阿凡提，想不到却反被其所骂，只得哑巴吃黄连，有苦说不出，这就是顺着对方的话巧置预设的妙处。

第五，把已经讲过的话作为下一句话的预设，为话语中各个句子或者分句的排列提供一个制约原则。

利奇曾说："更深入地看，我们就会发现语用学认为前提对于开展话语交际起着根本性的作用。当两人交谈时，他们有着各方面的共同的背景知识。他们不仅对谈话的某一特定场合有共同的知识，而且对整个世界有共同的知识。这就是说，可以认为必然对双方所共有的知识的范围在不断扩大。讲话双方所陈述过的命题可以成为下一个命题的前提。"利奇在这里说的前提（即预设）包括的范围较广，几乎等于所有已知信息。

例如，有一个古老的故事：从前有一座山，山上有一座庙，庙里有一个和尚，和尚在讲着故事……

"庙里有一个和尚"中的"庙"的预设是前一句所说的"山上"的庙；"和尚在讲着故事"中的"和尚"的预设是前一句所说的"庙里"的和尚……

有一次，马克·吐温向邻居借阅一本书，邻居说："可以，可以。但我定了一条规则：从我的图书室借去的图书必须当场阅读。"一星期后，这位邻居向马克·吐温借用割草机，马克·吐温笑着说："当然可以，毫无问题。不过我定了一条规则：从我家里借去的割草机只能在我的草地上使用。"马克·吐温的邻居所定的规则：从我的图书室借去的图书必须当场阅读。其蕴涵的语用预设是：从某处借出的东西只能当场使用。于是，当邻居向马克·吐温借用割草机时，马克·吐温借用其预设，定出了一条可笑的规则：从我家里借去的割草机只能在我的草地上使用。

总之，预设是人们言语交际中常见的语言现象，在话语理解和会话交流中都有重要的交际价值，尽管人们有时对它并没有明显的意识。利用语用预设特点形成的交际策略，对提高语言质量、增强交际效果大有裨益。

第四节　交际中的预设策略

一、巧置预设

第一，有目的地选择预设，使谈话朝着有利于自己的方向发展。预设是谈话的起点，它决定着谈话的进程和方向，预设的恰当与否往往决定言语表达效果的好坏。我们可以有目的地选择预设，使谈话朝着有利于自己的方向发展。

20世纪30年代，香港茂隆皮箱行经营有方，生意兴隆，因而引起英国商人威尔斯的嫉妒。一次，威尔斯来到茂隆皮箱行订购3000只皮箱，价值港币20万元，合同写明一个月取货，逾期如不按质按量交货，卖方须按违约支付巨额赔偿。皮箱行如期交货时，威尔斯却说，合同上写的是皮箱，而现在做成的皮箱中使用了木料，就不是皮箱，因此，向法庭以"诈骗罪"提起诉讼，要求赔偿损失。皮箱行经理冯灿委托香港名律师罗文锦出庭辩护。正当威尔斯在法庭上步步紧逼之时，罗文锦站了起来，从口袋里取出一只大号金怀表，高声问道："法官先生，请问这是什么表？"法官答："这是英国伦敦出品的金表。可是，这与本案有什么关系呢？""有关系。"罗文锦面对法庭上所有的人说道："这是金表，没有人怀疑了吧？但是请问，这块金表除了表壳是镀金外，内部的机件都是金制的吗？"旁观者闻声议论："当然不是。"罗文锦律师说："那么，人们为什么又叫它金表呢？由此可见，茂隆行的皮箱案，不过是原告无理取闹、存心敲诈而已。"这场诉讼最后对威尔斯以诬告罪处以罚款5000元结案。

律师罗文锦选择了有利于本案的预设，使对方在承认预设的事实的情况下不攻自败。

第二，故意设置预设陷阱，设法引诱或迫使对方掉入陷阱。此法又叫言此意彼、借题发挥法，一般是在无法正面说服或反驳的语境中所使用的一种常用技巧。当对方有意挑衅时，你既不愿隐忍退让，也不愿正面与之发生冲突，运用此种方法能在含蓄中让对方感到你不是好惹的。例如：

某知县为霸占史老汉的财产，故意给他出了个难题，三天之内送来三只怀胎的公牛，做不到就要将其财产充公。三天后，知县到了史老汉家，出来迎接的却是史老汉的媳妇，二人一问一答。

知：史老汉在家吗？

媳：在是在，就是不好出来。

知：他怕见我，莫非赖账？

媳：哪里话，他在房里生小孩呢！

知：混账，男人怎么会生小孩呢？

媳：男人不会生小孩，公牛又怎么会怀胎呢？

知：……

上文的史老汉是故意设置预设陷阱，设法引诱或迫使对方掉入陷阱。知县图谋不轨，想通过预设公牛怀胎来制造诡辩，故意给老汉出了道难题，企图刁难史老汉，替自己的贪婪做掩护。史老汉是以其人之道还治其人之身，借用知县做出荒谬结论的方式推出另一个同样荒谬的结论来反驳知县。当知县带人来要怀胎的公牛时，听说史老汉在屋里生小孩，忘记了自己荒唐的难题，脱口说出"男人怎么会生小孩"，正中史老汉的计谋——"既然男人不会生小孩，公牛又怎么会怀胎呢？"话语预设中的含义非常明显，知县要怀胎的公牛就如要生小孩的男人一样，是十分荒谬的。以荒谬对荒谬，这在客观上拒绝了知县的敲诈勒索，让县官哑口无言、自取其谬。

第三，设置隐蔽性的预设，达到说话人难以达到的目的。发话人若想表达某一内容，有时直接说出并不是最好的方式，利用预设常能达到一种意想不到的效果。有一个电影院，去那里看电影的妇女总舍不得脱下她们的漂亮帽子，坐在她们后面的观众颇为不满，于是电影院经理在门口写了这样一句话："本院为照顾衰老高龄的女客，允许她们照常戴帽看电影，不必摘下。"此通知一出，女士们纷纷自觉取下了帽子，因为那句话隐含了这样一个预设：戴帽子的女士都是衰老高龄的，有谁愿意将自己放在这个位置上呢？

又如，一对青年男女在舞会上刚认识。

男：明晚我们在什么地方见面？

女：明晚——也在这里。

男青年的话预设着"明晚我们要见面"。男青年利用这一预设悄悄地把"我希望明晚继续与你见面"的个人愿望变为双方的共同愿望，致使对方产生错觉，在不知不觉中接受了邀请。如果先问："明晚我们见一次面好吗？"很可能会节外生枝。

第四，利用谈话双方共知而局外人并不知晓的预设，使语言委婉含蓄、耐人寻味。一般认为，作为语句的语用预设应具有"共知性"，有时，在只有交际双方共知的背景知识下进行交谈是十分必要的，这时候，谈话人往往是不愿让别人了解自己话语中的真正意义的。例如，当年地下革命者活动中的接头暗号，局外人是无法了解其话语预设的含义的。《红灯记》中，地下交通员接头时吆喝"卖木梳啰！"；李玉和被捕时叮嘱李铁梅出门时小心防"野狗"，要与奶奶分忧愁，其真正含义是在场的特务理解不了的。

二、误置预设

成功的交际要避免误置预设，而有时候人们却反其道而行之，通过有意的误置预设来达到某种特定的目的。

（一）故意曲解话语的语用预设

这种方法主要是对话语的预设佯装不知，故意误解话语意图，以达到特定目的。例如：

班会上，班长为一大沓假条而大发雷霆："看看嘛！看看嘛！你们的理由有几个是真的？"

小胖说："班长真是英明，假条嘛，本来就是假的，真的还叫'假条'吗？"

小胖故意把班长说的"假条"（请假的条子）的预设改为"不真实的条子"，以此为自己的过错打掩护。

又如：1928年5月，周恩来和邓颖超乘船回国，一上岸便被带到了港口警察所。日本警官仔细地审视了周恩来好一会儿。

警官：你是周恩来。

周恩来（用手指邓颖超）：她是古玩商，不是什么周恩来。（日本警官见此人对周恩来是男是女都分不清楚，就挥挥手，放他们走了。）

警官的一句看似简单的话隐含了丰富的共知信息：话是对周恩来说的，不是对邓颖超说的；周恩来是男性；他是中国共产党人，抗日志士；日本当局正在四处搜捕他；周恩来你已经被我认出来了，等等。如果周恩来听了这句话显得惊恐不安，就等于默认了预设的内容。但周恩来镇定自若，他利用了一个人称代词"她"以及手势不动声色地误置了两个重要的预设：①警官的话针对的是站在他身旁的邓颖超，而不是针对他本人；②周恩来是个女的。正是这两个误置的预设迷惑了敌人，使周恩来夫妇从容脱离险境。

（二）为了诱导听话人，误置话语中的部分先决条件

有时候，说话人为了诱导听话人，故意把应该提供的信息误置于后，以达到意想不到的效果。例如：

罗斯福与其政敌梅根一起出席一个记者俱乐部的聚会。梅根首先发言抨击罗斯福的新政。罗斯福随后也发表了演说。

罗斯福：美国新闻界愚笨透顶，而且傲气十足。编辑和记者们不学无术，水平太差，恐怕连大学入学考试都难以通过……（演讲即将结束时大声宣布）我上面所说的话，均引自梅根的大作《美国新闻界》。

罗斯福的演讲只字不提梅根刚才的讲话，却大肆攻击起美国的新闻界来。在大部分讲话中，他向听众隐瞒了一个最根本的前提：演讲中的话均引自梅根的大作《美国新闻界》。

只在最后一刻，罗斯福才向听众澄清这个误置的预设。这无疑是有意诱导听众误置前提，认为是罗斯福在攻击新闻界。其目的是先让所有的枪口都对准自己，当听众群情激愤到顶点时，突然出人意料地将众矢之的位置让给梅根，让其难以招架，无力再攻击他的新政。在语用上他采用的是误置预设的策略。

三、强加预设

在话语中有意无意地加上不存在的前提条件，称为强加预设。从语用的角度看，说话者和听话人并不需要真正认为预设当然为真，他们可以接受一个真假不定的，甚至是虚假

的预设，只要这一预设对于谈话来说是不可或缺的，就可以把该预设暂且当作真的，以保证谈话的顺利进行。语用预设的这一特点给说话人"强加"特定预设提供了可能。因此，我们有理由得出这样的结论：预设作为谈话的起点，并不总是被动消极的，人们完全可以有意识地利用预设来提高语言的表达效果。

（一）利用假话设置预设陷阱

这是一种隐蔽性极强的方法。要点是：在对方难以从正面直接说明、驳倒的情况下，先不暴露自己的论辩意图，而是预先设置一个圈套，然后设法引诱或迫使对方来钻。最后使其陷入进退维谷、四面楚歌的困境之中。例如：

寓言家拉封登有一个习惯，每天早晨要吃一只烤苹果。一天，他的一个朋友进了屋，随后拉封登发现苹果没有了，就猜到了是怎么回事。于是，他惊叫起来：

"啊！我的老天，谁把我放在壁炉上的苹果给吃了？"

"我没吃。"朋友答道。

"幸亏如此。"

"为什么幸亏如此？"

"因为我在苹果里放了些砒霜，好毒死耗子。"

"砒霜！"他的朋友叫道："我中毒了！"

拉封登笑着说："我亲爱的，请安静下来，这是个玩笑，我只不过想知道是谁吃了苹果。"

寓言家拉封登在不能确知苹果被谁吃了的情况下，为了证实自己的判断，故意强加预设：苹果里加了砒霜。从而诱使朋友说出实情，由于朋友不知道拉封登的本意，因此，上当受骗。

又如，电视剧《大宅门》中的片段：

韩荣发去暗查隐姓埋名多年的白颖园。

韩荣发："我是北京'隆盛'药行的伙计，来陕西看药材，有些事儿还得请您指教。"

颖园（警惕地试探）："不敢！'隆盛'的钱掌柜还好吧？"

韩荣发一愣："钱掌柜？"忙随机应变地："啊——好，挺好的。"

颖园（警惕地试探）："他儿子都有三十多岁了吧？"

韩荣发："可不是，三十二！"

颖园号脉的手立即离开了："您什么病都没有！您不是来看病的！"

韩荣发："不看病我干什么？"

颖园："'隆盛'掌柜的不姓钱，他也没有儿子，只有个闺女！"

机警的白颖园先用几个虚假的预设，然后一一否定，致使对方狼狈不堪。否定了语句的预设，句子所表达的事态就没有了存在的依据和基础。这是一种有力的反驳。

（二）故意编造虚假预设，使语言委婉、幽默

有时候，说话人出于礼貌，给对方留点面子，同时也显得有涵养，故意编造虚假预设，使语言委婉曲折、幽默风趣。请看下例。

编辑：年轻人，这首诗是你自己写的吗？

年轻人：是的，每一行都是我写的。

编辑：那么，莎士比亚先生，见到您我很高兴，我还以为您早已离开人世了呢！

编辑本可以直截了当地"揭露"年轻人："你这首诗是从莎士比亚那儿抄来的"。但这样很可能会使谈话变得尴尬而无趣，为了使谈话更富策略，这位聪明的编辑故意做了一个人人皆知为假的预设："莎士比亚还活在人世间。"以此为基点来设计谈话的内容，从而达到了预期的目的：在轻松的谈话中严肃地批评教育了年轻人。

有时候虚假预设可以避免交际中的尴尬与不愉快，如有一位旅馆老板口试甲、乙、丙三位男性应聘者。

老板问：假如你无意中推开房门，看见女客一丝不挂在沐浴，而她也看见你了，这时你怎么办？

甲答：说声"对不起"，就关门退出。

乙答：说声"对不起，小姐"，就关门退出。

丙答：说声"对不起，先生"，就关门退出。

结果，丙被录用了。

丙的回答有意加上不存在的前提条件，说假话却避免了交际中的尴尬，一个巧妙的预设使他轻易地敲开了成功的大门。

四、更换语用预设

更换语用预设是指单方面取消话语原来的预设，而代之以新的预设。根据更换语用预设手段的不同，可分为以下几种。

（一）利用转移焦点，更换语用预设

语用预设受话语焦点的影响，随着焦点的转移而变化。例如：

国王问阿凡提：要是你面前一边放着金子，一边放着正义，你会选择哪一样呢？

阿凡提：我愿意选择金子。

国王：你怎么了，阿凡提？要是我呀，我一定选择正义，绝不会选择金子。金子有什么稀罕的？正义可是不容易找到的啊！

阿凡提：谁缺什么就会想要什么，我的陛下。你想要的东西，正是您最缺少的呀！

试比较国王的逻辑与阿凡提的逻辑。

国王：选择正义的人是正义的，选择金子的人是贪婪的（大前提）。

我选择正义，阿凡提选择金子。（小前提）

我是正义的，阿凡提是贪婪的。（结论）

阿凡提：谁缺什么，就想要什么。（大前提）

国王选择正义，我选择金子。（小前提）

国王缺的是正义，我缺的是金子。（结论）

聪明的阿凡提有意转换大前提，把话语焦点转移为"谁缺什么，就想要什么"。这样就得出结论：国王缺的不是金子而是正义。国王本想教训教训阿凡提，不料反被揭穿了贪婪、虚伪的真面目。

又如，一个外交官去见林肯时，发现他正在刷鞋。外交官很惊奇地问道："哎呀，总统先生，你还要给自己刷鞋吗？"林肯回答："是呀，那你还要给谁刷鞋呢？"

在这个例子中，按照一般常识，外交官话语的语句焦点应是"你"，其语用预设是"总统的鞋不用自己刷而应由别人来刷"。但林肯故意把外交官的语句焦点理解为"给"的宾语——"自己"，从而转移焦点，把已有的语用预设更换为"拍马屁之人只给别人刷鞋"这一滑稽的语用预设，因此，取得了幽默的效果。

（二）利用语用含糊，更换语用预设

语用含糊表现为话语在言语行为方面有两种以上的解释，或话语中的结构或某个词语出现多种意义解释。说话者正是利用这一语言结构与意图结构之间可能存在的信息差，更换语用预设。例如：

萧伯纳因脊椎骨有毛病，从脚跟上截一块骨头来补损。手术后，医生想敲他竹杠，说："萧伯纳先生，这是我从未做过的新手术呵！"

萧伯纳风趣地笑着说："那好极了，你打算付给我多少实验费呀？"

其实，医生的语用预设是：做新手术很困难，要多付医疗费。而萧伯纳利用"新手术"的另一语用义：新手术要冒一定风险。于是，更换语用预设为：做新手术是很危险的，要付实验费。萧伯纳巧妙而幽默的话语，自然妥帖，从而堵住医生的口，让他无法说出多付医疗费的非分要求。

五、接用预设

说话人表面上认同对方的观点，把对方的预设接用为自己说话的前提，使话语按照自己预想的方向发展，最终达到说话人预想的结果。

第一，直接把对方的话语接用为自己话语的前提。例如：

一户人家到城里去寻找住房,全家三口,夫妻和一个五岁的孩子,他们跑了一天,好不容易到傍晚才看到一张称心的公寓出租广告。他们满怀希望敲开房东的大门,温和的房东把这三人上下打量了一番,遗憾地说:"实在对不起,我们公寓不租给有孩子的住户。"说完就把门关起来了。丈夫和妻子听了不知说什么好,正想默默走开,这时,小男孩那红叶般的小手又敲响了房东的大门,房东又出来了。只见小孩子精神抖擞地对房东说:"老爷爷,我没有孩子,只有两位老人,请把房子租给我吧。"房东听了,高兴地笑了,房子也就租成了。

　　第二,间接接用对方话语的预设,即按照对方话语预设的推导逻辑仿造出一个类似荒谬的预设,让对方的谬误不攻自破。此法又叫依样画瓢、以子之矛攻子之盾法。此法最常用于批驳谬误。例如:

　　英国讽刺作家斯威夫特与他的仆从出游,因久雨,道上泥泞,鞋子弄得很脏。一天晚上,主仆投宿于一家客店。斯威夫特叫仆从把他的鞋刷干净。仆从说:"明天赶路,照样会把鞋弄脏的,何必刷呢?"斯威夫特未作声。第二天一早,两人未吃早餐便上路了,中午时分,仆从饿了,便说:"我的肚子确实饿得不行啦,我们还是吃了饭再走吧。""何必呢!吃了饭还照样会饿的。"斯威夫特不紧不慢地说,斯威夫特的话是以仆从前面的话作为前提的。他巧妙地接用了仆从的预设,弄得仆从无言以对、哭笑不得。

　　又如,有个老汉到县衙门报荒。县官问道:"今年麦子收成怎样"。

　　老汉说:"收了三成。"

　　"棉花收成怎样?""收了二成。"

　　"稻子收成怎样?""收了二成。"

　　县官听了大怒道:"收了七成年景,还来报荒,分明是谎报!"

　　老汉想了想说:"老爷息怒,小人活了一百几十岁,实在没有见过这么大的灾情。"县官看他长得不像过百岁的样子,便问他到底多大岁数。老汉说:"我今年七十岁,大儿子四十岁,小儿子三十岁,合在一起,不是一百几十岁吗?"

　　县官通过预设一年年景的收成等于各种农作物收成的总和来制造诡辩,企图刁难老汉。老汉没有反驳,而是顺其预设,做了快速"联想",由对方预设年景的收成等于各农作物收成的总和,从而在答话中预设一个人的年龄等于一家人年龄的总和,让县官哑口无言、自取其谬。

　　由此可见,从理解的角度看,预设是从谈话的语句中析出的;而从表达的角度看,预设是谈话的基础,也是谈话的起点,在某种意义上,语用预设是可以由说话人来"规定"的。因此,有效地利用语用预设来构建谈话的框架,可以使谈话更有策略、更富技巧。

第五节 语用预设应注意的问题

一、双方已知的信息不必说出

　　语用预设具有"合适性""共知性"的特点，设置预设应与交际双方的知识背景相适应。如果提供给对方的都是双方已知的信息，不但所说的毫无意义，还会产生负面影响。例如，古代有个县官，一天乘船去拜见新上任的州官。州官见了他，便问道："你的船停在什么地方？"

　　"船停在河里。"县官拘谨地回答。

　　州官大怒，厉声喝道："你还想把船抬到州府衙门口吗？"

　　县官答道："带的随从少，恐怕抬不动。"

　　该例中，州官问的是具体的地点，这一点应是非常明确的，但是县官却回答"那停在河里"。按照常识，船肯定是要停在河里的，这也是州官言语的预设，而县官由于拘谨，回答的正好是州官所预设的，等于没有回答。而作为上司，州官认为县官的这种回答是一种严重的犯上行为，因而大怒说："你还想把船抬到州府衙门口吗？"言下之意是说，你的船不停在河里，难道是要停在我的州府衙门口来吗？面对州官表面的询问、实质的责怨，县官却回答"带的随从少，恐怕抬不动"，可想而知州官的怒火了。这个例子也表明了县官和州官的主体差异性。

二、对方不知晓的信息不宜作为预设的前提

　　预设是说话人组织信息的策略，受说话人的意图、说话人对听话人对所谈事物的熟悉程度的估计的影响。每一种言语行为总是针对特定的交际对象，交际对象不同，共知就不同，说话人传递信息的语言形式也会因此有别，说话人对语言表达方式的取舍，是以他对听话人的假设为依据的。科学家的学术报告，普通百姓听不懂；商人之间的古怪行话，一般顾客即使听了，也是一头雾水。究其原因，都在于他们所说的并不是局外人心目中的预设所在。例如：

　　甲：我前天买了台电脑，昨天又去买了个"猫儿"（上网用的调制解调器）。

　　乙：你喜欢养猫吗？

　　这个笑话之所以产生，是因为说话人认为"猫儿"这个词的所指是大家都清楚的，便没多做解释，而受话人头脑中预先并没有这个知识，"预设"不能被双方共同理解，于是产生了误解。

　　下例是甲、乙两名大学生在火车上初次见面时的对话：

甲（看着报纸）：你觉得卡罗斯怎么样？

乙：卡罗斯？

甲：卡罗斯是足球运动员，你不知道啊？

听到甲学生的提问，乙学生不知所云，他从不关注足球，根本就不知道卡罗斯为何人。甲的话中就预设了"乙知道卡罗斯这人"，这个预设是不恰当的。因此说话时要合理预设对方的认知状态，以确定哪些属于在线信息，哪些可以归为预设信息，这就要对交际双方的职业、知识结构、文化背景等方面做出准确的判断。这一点对于跨文化的语言交流和语言教学很重要。文化差异常常是造成跨语言交际障碍的重要原因。

三、后面的话应与前面的预设保持一致

前面的预设实际上构成了一个语境，因此，后面的话语必须受这个语境约束，否则容易给人钻空子。例如，哲学课上一名学生正在酣睡，教师便向他提问道："我只提一个问题你回答，你刚才听课了吗？"学生答道："听了！"教师又问："那好，你说一下，什么是哲学？"学生急中生智，答道："你不是只提一个问题吗？现在是第二个问题了，我可以不回答吗？"教师无语，众生讥笑。教师"只提一个问题你回答"限制了预设的语境，学生的回答符合语境。

四、不要随便把自己也不相信或者没有把握的信息作为预设

值得注意的是，预设如果发挥过头，就会导致说话者把自己也不相信或者没有把握的信息作为预设处理，从而形成欺骗行为。例如：

甲：你手里拿的是什么东西？

乙：小明的玩具火车坏了，让我修一下。

甲：可是小明没有玩具火车啊。

乙：这……

在这段话中，乙的答话以"小明有玩具火车"为预设，或许是为了掩饰玩具火车的来源。但由于采用了没有把握的信息作为预设，极易于被对方识破，以致自己打了自己的嘴巴。又如：

巫婆：你若不烧香拜佛，现在杀猪，来世便会托生为猪；现在杀牛，来世就会托生为牛；现在杀羊，来世就会托生为羊。

屠夫：照你这么说，我只有杀人了！

屠夫接用了巫婆话语的预设做了如下的推理：

杀什么来世便会托生为什么。（接用为大前提）

我当然愿意来世托生为人。（小前提）

我只有杀人了。（结论）

巫婆预设的荒唐逻辑被屠夫接用并加以夸大，得到更荒唐的结论，其荒谬本质更加强化和明朗化。

五、不要滥用有歧义的预设

例如，某地理教师正上课，为了活跃气氛，他提问道："法国最著名的是什么？""法国香水。"全体女生不约而同地答道。由于教师的问题可以有多种预设，学生不一定按教师的预设回答问题。

又如，爸爸还在睡觉，好友老李来访。妈妈对三岁的女儿说："快，去叫爸爸。"女儿迟疑了一下走到老李面前怯生生喊了声："爸爸！"

显然，"快，去叫爸爸"这句话因为没有伴随指示动作，在此语境中产生了歧义。妈妈的意思是：嘱咐女儿叫醒睡觉的爸爸来接待老李。女儿的行动则表明她对这话的理解是：妈妈让我叫来访者为爸爸。

下面是发生在坎瑞岛国际机场的一个真实的故事：1977年3月27日在坎瑞岛的国际机场上，两架波音747飞机正在待命起飞。他们分别属于荷兰皇家航空公司和美国泛美航空公司。两架飞机同时向机场指挥塔要求起飞，指挥塔在向美国泛美航空公司的飞机发出起飞的命令后，对荷兰飞机说："好，等一下起飞。"这里的等一下，在英文是一个多义词，既有"等一下，先别飞"的意思，也有"准备行动"的意思。指挥塔要表达的是第一种意思，而荷兰飞行员却理解成了第二种意思。于是两架飞机同时加速进入起跑道，一场罕见的空难发生了：两架飞机在空中相撞，机组人员和567名乘客全部遇难。语用预设失误，造成了如此可怕的灾难！

第五章 会话视角下的语用研究

第一节 会话结构

语用学为什么要研究会话结构？列文森明确指出"语用结构的各个方面都是以运用中的会话为中心组织起来的"。当然，话语不限于会话，但会话是人类最原始的语言使用形式，会话是话语的最基本、最重要的形式。通过对会话结构的分析，可以揭示会话构成的规律，解释自然会话的连贯性，有益于话语意义的准确理解。

应该说明，会话分析是由一群社会学家如萨克斯、谢格罗夫、杰弗逊，即通常所说的"民族方法论者"在20世纪60年代末到70年代初开创的。"民族方法论"研究"民族"即社会成员自身产生和理解社会交互作用的各种方法，在研究中，他们从大量的自然会话语料出发，把重点放在材料（包括录音和自然会话的记录）和材料中反复出现的模式上，分析方法甚为严谨。

列文森认为，"研究会话结构的正确方法是经验的方法"。列文森指出：尽管语用学产生的背景主要是哲学传统，但这种哲学传统今后将让位于对语言使用更加以经验为依据的研究，利用内省材料进行的概念分析将让位于以观察为依据的细致的归纳工作。这就是说，语用学研究应该采用以经验为基础的归纳法，从大量的会话素材中找出反复出现的模式，归纳出规律，提炼出理论来。因为语用学在本质上属于经验科学。

还应该指出，会话涉及许多因素（包括语言之外的因素），因此，不能期望会话分析像句子结构分析那样严谨。

会话结构包含以下几个方面。

一、轮流说话

眼明心细的人不难发现，会话过程中很少出现两个人或几个人同时说话的情况。我们如何科学地解释这种现象呢？研究者指出，会话的特点是轮流说话，一次会话至少得由两轮话组成，A先说，停下来后，B再接着说，两人对话的分布是A-B-A-B-A-B。萨克斯、谢格罗夫、杰弗逊提出，支持轮流说话的机制是一套依次选用的规则，这套规则只对会话中的轮流交替起作用，因此叫作"局部支配系统"。受支配的最小单位是会话中的一个话轮（a turn）：即说话人的话从开始到结束。一个说话人最初只被分派给这样的一个单位（话轮）。这个单位的终止就是可以变换说话人的位置，叫作"转换关联位置"（transition relevance place，TRP）。在"转换关联位置"时，支配轮流说话的规则开始起作用。这种轮流单位必须具有这样的特征：能预测它的终止位置；能在单位以内具体表明终止时邀请哪一个人接着说话。选择下一个说话人的具体方法中比较直接的有：提问（提议或要求等）加上称呼语；肯定尾句加上称呼语；各种证实听觉和理解的话（如：Who"谁？"，You did what？"你干了什么？"pardon？"对不起，你说什么？"等），这些话选择原先的说话人继续为下一个说话的人。

轮流说话的规则（其中，C 指当时的说话人，N 指下一个说话人，TRP 指一个轮流结构单位的可识别的终止位置）如下所示。

规则1：应用于第一个 TRP（不论从哪个话轮开始）。

（a）如果 C 在当时一个话轮中选择 N，那么 C 必须停止说话，N 必须接着说话，转换出现在选择 N 后的第一个 TRP；

（b）如果 C 没有选择 N，那么任何其他的参与者都可以自我选择，谁先说话谁就获得说下一轮话的权利；

（c）如果 C 没有选择 N，也没有其他的参与者按（b）做自我选择，那么 C 可以（不是必须）继续说话（即要求获得继续说下一轮话的权利）。

规则2：应用于以后的每一个 TRP。

在 C 已经应用规则1（c）后，规则1（a）—（c）适用于下一个 TRP，并反复适用于下下一个 TRP，直到实现说话人的转换为止。

当说话发生更迭时，有一个解决更迭的系统起作用。首先，更迭一旦发生，一般是有一个说话人立即停止说话；其次，在一个说话人停止说话后继续说话的人一般要重复由于更迭而未被听话人听清楚的那些话；最后，如果没有人立即停止说话，则会有人通过增加音强、减慢速度、延长元音等方式竞获发言权。

二、相邻对

（一）"相邻对"这一概念对揭示会话结构有重要作用

最典型的相邻对是问/答、问候/问候、提议/认可或拒绝、道歉/抚慰等。谢格罗夫和萨克斯提出相邻对有以下特征。

"相邻对"是一前一后两轮话，这两轮话是：

①邻接的；

②由两个说话人分别说出的；

③分为始发语和应答语；

④有一定的类型，即始发语要有特定的应答语相匹配，例如，问候/问候、提议/认

可或拒绝。

有一条规则支配相邻对：在说出相邻对的始发语后，该说话人必须停止说话，下一个说话人此时必须说出这个相邻对的应答语。

相邻对是会话结构的一种基本单位。但是，前面列出的相邻对的几条特征却不是无可挑剔的。首先，"邻接"这个条件过严，因为经常出现"插入序列"（insertion sequences）的情形，例如，在一问一答之间插入另一个一问一答（Q表示第一问，A表示第一答，依此类推）。

既然"邻接"这个条件过严，就有必要用一个新的概念，即"有条件的关联"（conditional relevance）来取代，就是说，相邻对必须满足的条件是：应答语跟始发语之间有直接的联系，而且应答语在期待之中。如果应答语没有紧接着出现，出现的是另一轮始发语，那么它可以被当作应答语出现以前的预备性相邻对的一部分。这个概念清楚地说明：把相邻对的始发语和应答语联系在一起的并不是那种规定有一问必有一答的组成规则，而是始发语所引起的一些特定的期待。

此外，我们还得研究一下可以跟始发语匹配成对的应答语的范围问题。事实上，跟问话相配的除了回答之外，还可以有许多别的应答语，例如，声称不知道、转移提问对象（如"这个问题你去问张三"）、拒绝回答等。为了解决这些问题，有人提出了"优选结构"（preference organization）的思想，其中心意思是：相邻对中所有可能跟始发语配对的应答语并不具有同等地位，有一组优选结构在起作用，即各种可能的应答语中至少有一类是"合意的"（preferred，即听话人的应答能满足说话人发话的期待），有一类是"不合意的"（dispreferred，即听话人的应答不是说话人所期待的）。这里所说的"合意性"是一个结构上的概念，相当于语言学中的"标记性"（markedness）概念。

（二）会话中的相邻对

对会话结构进行分析可以采用不同的单位，有人把参加会话者每说一次话的内容作为分析单位，也有人把每说一次话的内容分为更小的单位，因为每次说话未必只说一句，即使只有一句，它所施行的动作有时却不仅是一个。但由于会话是至少有两个人参加的合作性的语言交际活动，因此，要研究会话的局部结构，相邻对是一个比较合适的基本单位。相邻对指的是两个谈话者各说一次话所构成的对子。相邻对具有以下这些特征：一个相邻对包括两次讲话的内容；这两次讲话是由两个说话人前后相继所说的；这两次说话有一定的先后次序，分别属于相邻对的第一部分和相邻对的第二部分；这两个部分是相互关联的，并不是任何一种类型的第二部分都可以用于任何一种类型的第一部分之后，某一种第一部分要求某一种合适的第二部分；一个相邻对的第一部分常常选定下一个说话人，总是规定了下一个行为，也就是说相邻对的第一部分预示了第二部分的出现。

当然，由于句法形式和句子的交际功能之间的差异，相邻对的第一部分和第二部分之间的相互关联并不体现在句法形式上，而体现在两部分的话语所施行的言语行为上。常见的第一部分所施行的言语行为包括致意（greeting）、挑战（challenge）、请求（request）、邀请（invitation）、评估（assessment）、抱怨（complaint）、威胁（threat）、宣告（announcement）等。那么，和这些第一部分相关联的合适的第二部分是什么呢？第一部分"致意"，第二部分似乎也只能是致意，除此之外，不会有其他的可能。但对其他类型的第一部分来说，却未必如此。"提问"可能得到"回答"，也可能得不到期待的回答，有时甚至会遭到拒绝或受到揶揄。

因此，我们可以得出这样的结论：同样一个第一部分具有不止一种可能的第二部分。但这些可能的第二部分不都具有同等的地位。其中有一种第二部分是说话人所希望得到的反应，这种反应被称为"期待的第二部分"（preferred second part），其他的各种反应则不是说话人所希望得到的反应，可以称它们为"不期待的第二部分"（dispreferred second part）。对于相邻对的两个组成部分之间的关系，谢格罗夫介绍了"制约关联"这个概念来进行解释。一个相邻对的第一部分的产生必然会形成某种期待，需要得到满足，满足这种期待可以通过不同的反应，但如果这种反应不出现，那就会形成一种令人瞩目的空缺。但会话的一方提出一个问题之后，它固然期待得到回答，但并非只有提问—回答才算构成一个完美的相邻对；和"提问"这个第一部分形成"制约关联"的不仅有"回答"这样的第二部分，其他类型的第二部分如"拒绝""抗议"等虽然不是提问者所期待得到的反应，但仍然和"提问"构成一个完美的相邻对。这就是说，一个相邻对的第二部分是否是第一个说话人所期待的反应，并不影响相邻对构成的完美性。"期待的"和"不期待的"是一种心理上的考虑。在一般情况下，在向别人提出请求时，我们总是希望他能接受，而不希望遭到拒绝；在对某一事物做出评估时，我们总是希望对方同意自己的意见，并不希望听到他表示异议；在对别人抱怨时，我们总是希望他能表示歉意，而不希望听到他对自己的行为做出申辩。这些期待是合乎人们的一般心理的，可以说是人之常情。当会话的一方讲出了一个相邻对的第一部分时，便产生了某种期待，如果另一方的反应满足了这种期待，那么第一方在心理上就得到了满足，这两个部分构成了一个完美的相邻对；如果第二方的反应是一个"不期待的第二部分"，那么第一方在心理上没有得到满足，但从会话结构上看，这两个部分仍然构成一个完美的相邻对。

三、总体结构

总体结构问题比较复杂，到目前为止，国内外对这个问题研究得还不够深入。在总体结构中，目前研究得比较充分，也是最典型的一类会话是打电话。

在现代社会里，打电话是重要的、便捷的交际方式之一。会打电话不难，把电话打好则颇有学问：它要求精心安排谈话内容，说话得体，确保交际效果好、办事效率高。

打电话的总体结构由开端、本体、结束语三部分构成。

下面，笔者以一名想要报考××大学中文系理论语言学方向研究生的学生和一位语言学教授的一次电话交谈为例，讲解一下总体结构。

开端

听到电话铃响，接电话的人拿起听筒先说话：有礼貌地打招呼，询问对方是谁，有什么事情。例如：

学生：（拨通某教授家的电话，铃响）（召唤）

教授：喂，你好，哪一位？（应答）

学生：S老师，您好！我是李××，中文系汉语专业××届毕业生，老师还记得我吗？（先致问候）（表示已认出老师）

教授：噢，小李！你好吗？（回致问候）（表示已认出该学生）

本体

打电话的人切入话题：说明打电话的原因，想办什么事情，并对需要谈的有关事情做好精心安排。

学生：S老师，我明年想报考中文系理论语言学方向的研究生，您能告诉我应该读哪些书吗？

（开端之后，切入第一个或主要话题）

教授：当然可以。我认为你首先要学懂并真正掌握《语言学纲要》一书讲解的基本理论和方法，因为这是语言学的"基本功"。其次要认真读一读索绪尔的《普通语言学教程》。此外，还应该阅读一些关于结构主义语言学、转换—生成语言学、现代语义学、社会语言学的书。重要的是，要把学到的知识融会贯通，具备较强的综合答题的能力。

学生：谢谢！老师您能告诉我入学考试要考哪几门课吗？

（提出第二个话题或与考研相关的话题）

教授：共考5门课——外语、政治、专业基础课、专业理论课、大综合课。报考理论语言学专业的学生，要求外语水平较高，语言学专业理论知识坚实，并具有较全面的语言、文学基础知识。

学生：我明白了。谢谢老师！

第二节 会话结构的语用研究和话语分析

语用学对会话原则的研究，除了制约会话活动的一些原则外，会话的结构也同样是语用学研究感兴趣的领域。语用学研究会话结构的目的是要通过探索自然会话的顺序结构来揭示会话构成的规律，解释会话的连贯性。从这一点看，语用学家和话语分析家有着共同的目标。当然，话语并不限于会话，但会话是话语的一种最基本的形式，也是话语分析家研究得最多的一种话语形式。因此，对会话结构的分析很难说是属于哪一家的专门领域。在会话结构方面所取得的成果是语用学和话语分析两家的共同研究成果，在这两个领域的文献中常常可以找到同样的引证。

不过，也有人认为这两家对会话结构的研究有较大的差异，列文森便是其中之一。在指出它们的共同目标之后，列文森强调了会话分析（CA）和话语分析（DA）在研究方法和途径上的区别。他认为话语分析家采用的是语言学研究中十分典型的那些方法和原则，实质上是把在语言学中运用得很成功的那一套技巧延伸到句子范围之外，扩大到话语的范围中去，在判断话语的连贯性时，常常凭借本能。列文森认为篇章语法学以及以言语行为为基础的那些研究是话语分析的两大范畴。会话分析的不同之处在于它避免了先入为主的理论框架，采用了以经验为基础的归纳法，从大量自然会话的资料中去寻找反复出现的模式，从中归纳出规律来。

诚然，对会话结构进行研究，存在多种途径和方法，在列文森所提到的三种主要途径中，篇章语法学家所采用过的方法应该说是一种不成功的尝试。话语根本不同于句子。句子是一个语法单位，它的构成需要符合一定的语法规则，但话语绝不是一个语法单位，把话语看作一个"超级句子"（super sentence），试图用分析句子的方法来分析话语是不可能获得令人满意的结果的。这种方法在 20 世纪 70 年代初曾有人做过尝试，但后来多被摒弃。

被列文森归于话语分析的另一种途径，即以言语行为为基础的研究是对话语进行研究的一种重要的、颇有成效的途径。笔者所列举的对间接语言的解释都是这一类的例子。这是言语行为理论在话语分析中的实际应用，这一理论对话语分析的发展起了相当大的促进作用。但用言语行为理论去分析话语并非十全十美，列文森对其中的问题做了归纳。他认为如果把会话过程看成是由一系列的行为构成的，那么首先要解决的问题是把一句句的话语"翻译"成行为，然后再找出行为构成系列的规律。但这并不容易做到。这是因为话语常具有双功能乃至多功能，同一话语，置于不同的语境中又能行使不同的功能。这并非是把言语行为理论运用于话语分析时才出现的问题，实际上这是言语行为理论本身的一个弱点。列文森强调了这个理论在运用过程中的一些问题，认为这并不是一种理想的分析会话的途径。他主张采用以经验为基础的归纳方法，或者采用他称之为会话分析家所采用的方法。

自然会话不同于句子，它的构成在很大程度上受到许多语言外语用因素的影响。对会话的构成难以进行像句法分析那样严谨的、形式化的分析。以言语行为为基础和以经验为基础进行的分析，从不同的侧面对会话进行了分析，在不同程度上揭示了会话的构成规律。这两种分析途径各有其特点，因此很难以比较它们的优劣。把这两种方法简单地分别划归为话语分析和语用研究两家，也不合适。话语分析和语用研究这两个领域之间的分界线本来就不是很清楚的，话语分析家并不认为自己的工作是完全游离在语用研究的范围之外的，相反，有的话语分析家明确指出"在语言学中任何涉及语境考虑的分析途径都必然属于称为'语用学'的那一个语言研究领域。'搞话语分析'当然要'搞句法和语义'，但它首先包含'搞语用学'"。以言语行为为基础的分析方法是完全不能脱离对语境因素的考虑的，因此，通过这一途径所取得的研究成果完全可以归入到对会话结构进行语用研究所取得的成果中去。

早期语用学对会话的研究大体上局限于会话本身的结构,不论采用哪一种方法或途径,都属于静态性质的研究。到了 80 年代后期和 90 年代,语用学这一学科的动态性质越来越明显,不少语用学家开始采用动态的研究方法。对会话的研究也是如此。

第三节　会话的局部结构

对会话结构的研究可以从两个方面去着手。一是从整体上去看一个完整的会话过程是怎样构成的,即会话是怎样开始、怎样结束、期间又是怎样发展的,这是对会话整体结构的研究。二是研究会话的局部构成,一次会话活动是由参加者一次接一次的局部发言所构成的,一个参加者的发言和另一个参加者的发言之间有什么联系、如何构成连贯的话语、他们如何进行更迭,这是会话的局部结构研究所要解决的问题。我们先来看一下会话的局部结构。

一、会话中的轮换

会话的一个特点是说话人的轮换(turn-taking),即参加会话的人在参加整个会话过程中轮流说话。这似乎是一个显而易见、毋庸多说的事实。但是如果再多想一想就会发现在这一极为普通的社会行为中存在一些令人吃惊的现象:在会话过程中很少会出现重叠的情况,也就是说很少会出现两个或更多的人同时开口讲话的情况。有人做过统计,这种重叠的情况还不足全部会话活动的百分之五。然而一个说话人停止说话和另一个说话人开始说话之间的间隙却是惊人地短。说话人之间这种有条不紊的更迭是怎样进行的呢?这种有秩序的更迭不仅见于只有两三个人参加的会话,甚至也见于十几人乃至几十人的近乎集会的场合。不仅在会话者相互看得见的情况下很有秩序地进行更迭,在会话者相互看不到,如打电话这种场合,更迭也同样有秩序地进行。这些极为普通的现象引起了一些人的注意,成了他们研究分析的对象。

20 世纪 60 年代末、70 年代初,美国社会学家谢格罗夫等人对自然会话的结构进行了观察和分析,虽然他们的兴趣主要在于人类的社会互往,但他们的观察结果对会话结构的研究是很有意义的。他们指出会话中最基本的一条规律就是:每次至少有一方,但又不多于一方在说话。虽然在日常生活的会话中短暂的重叠或冷场时有发生,但一旦出现这样的情况,参加会话的各方都会按照这条基本规则设法调整和修补。如有一人以上同时讲话,其中总有人会迅速退让。如果在会话过程中出现了暂时的冷场,那么总有人会开口讲话,或通过"er"或"mm"这样的声音来表示他打算要说话。

正在说话的人对下一个说话轮次有三种不同程度的控制。

第一,一个正在说话的人可以通过提名来选定下一个说话人。

在选定下一个说话人的同时，他往往同时也指定了下一个说话人的话语类型。例如，在下面这些话语中：

① I wonder if you could show me the letter, Mr. Fox.

② Do you know how to draw a panda, Mary?

③ Hi, Professor Price!

Mr. Fox, Mary 和 Professor Price 不仅被指定为下一个说话人，同时他们该说什么也都被说话人所说的话决定了。当然，除了指名道姓外，说话人也可以用眼光、头部动作等伴随语言手段来指定下一个说话人。

第二，说话人可以限制下面一位说话人将要说的话的类型，但不指定下一个说话人。例如，他可以说"Can anyone of you describe the picture?"，让在场的其他人自己去做出选择。

第三，说话人既不指定下一个说话人，也不指定下一步的会话活动，而是完全由参加会话的其他人自选，并决定说什么。

在某些特定场合，常常有一个有权决定下一个说话人的人，例如，在教室里，教师有权指定让哪一个学生说话，法庭上的法官、会议的主席都是具有这种权力的人。在一般的日常会话中，说话人自选的情况是十分普遍的，尤其是当参加会议的人的身份、地位大致相同时。在自选时，又产生了另一个问题：自选的人怎么知道正在说话的人话已经讲完，他自己可以开始说话了呢？能辨认这一点是很重要的，否则在会话过程中就会出现大量的抢话的重叠现象。不过，正如萨克斯所指出的，自选的说话人无法真正辨认正在说话的人是否说完，因为任何人都可以在自己好像已经结束的话之后再加上一句，甚至更多的话。因此，说得精确些，不存在绝对的话语结束之处，自选的说话人所寻找的只是话语的可能结束之处。一个说话人所说的话包括一句或更多的句子。一个句子是一个完整的单位，因此话语的可能结束之处不会出现在一个句子的中间，而总是出现在句子结束的地方。如果自选的说话人在别人的句子没有结束的时候开始说话，那么他就违反了最基本的一条会话规律，这是很不礼貌的做法。

综上所述，要使会话顺利地、有秩序地进行下去，参加会话的各方都必须善于运用一些技巧或手段，相互配合，达到某种默契。在萨克斯所提到的几种技巧之中，虽然有语义上的考虑，例如"搪塞语"，但他考虑比较多的还是句法上的标记。实际上，在一个听话人判断说话人是否到达一个"可能结束之处"时，他所依靠的并不只是句法标志，在很大程度上，他是从语义上来判断对方的话是否到了可以告一段落的时候。

除了句法和语义手段外，还有人注意到了伴随语言手段甚至体动在轮次更迭中的作用。肯顿发现在说话人的顺利轮换中，"注视"（gaze）起着重要作用。他发现听话人在说话人说话时，目光通常总是注视着说话人，只是偶尔把目光移开，但说话人却不总是看着听话人，他看着听话人和不看着听话人的时间大约各占一半，但在他行将结束一次说话时，除了头部会做出一定的姿势外，他的目光会稳定地停留在听话人身上。邓肯观察了许多说话人在行将更迭时行为上的特征，除了句法、音系方面的特征外，他发现了一种伴随语言特征，即说话人往往停止手部的姿势，或者放松在说话时处于紧张状态的手的位置。这些伴随语言手段向听话人表明，一个"可能结束之处"即将出现，他可以准备接过轮次。

由此可见，在会话过程中，说话的一方向听话的一方做出各种提示来表明"可能结束之处"是否出现。这种种提示包括句法方面的、语义方面的、语音方面的，也包括伴随语言和体动方面的。应该说，前面三种是根本的，因为在说话人和听话人相互看不见的情况下，也就是在伴随语言和体动手段无法起作用的情况下，会话轮次的更迭仍然可以顺利地进行。

尽管有这些提示以及会话各方的合作，在会话过程中，重叠和冷场还是会出现。但是由于会话各方都意识到"在会话中至少有一方，但又不多于一方在说话"是一条应该遵守的规则，因此，在出现重叠或冷场时，他们都会主动对这种局面进行修补。打断别人说话或抢话说都是不礼貌的行为，因此，当出现重叠时，总有一方会主动退出，把说话轮次让给对方。同样，在会话中出现"冷场"也会使人感到难堪，冷场往往是由于该说话的人不接过话头而引起的。在这种情况下，前一位说话人可以重复一下他刚说过的话，或者问一句"Didn't you hear me？"之类的话，或通过指名的方式，如"I was asking you, Mary."，来促使下一个说话人接过话头。如果下一个说话人还没有做好说话的准备，他可以用些搪塞语来表示自己说话的意愿，填补一下由冷场造成的使人感到窘迫的空白。

二、相邻对的内嵌

相邻对是会话的基本组成单位，但真实的自然会话却不总是简单地由一个接着一个的相邻对串联起来的。常常会出现一个相邻对的两个部分被分隔开的现象，这处于一个相邻对的两个部分中间的话语有可能是另一个相邻对，甚至可能包括一个以上的相邻对。谢格罗夫把这部分嵌入一个相邻对之间的话语称作"插入系列"，例如：

对于A提出的买一瓶饮料的要求（用Q1表示），B没有马上接受或拒绝，而是向A提了个问题（Q2），在A回答了这个问题后，他才对A的要求做出答复。出现这种嵌入的原因是多种多样的，大多是因为一方没有听懂另一方的话。或是在了解更多的信息前不肯随便做出答复、同意要求、做出允诺等，当然，也可能完全是为了拖延时间。又如：

从理论上来说，在第二个说话人B不是说出第一个说话人A所期待的第二部分，而是说出了另一个相邻对的第一部分时，A也有可能不说出B所期待的第二部分，而说出第三个相邻对的第一部分，这样继续下去，直到必须的条件得到满足后，整个对话中一系列相邻对的第一部分逐个得到合适的第二部分作为反应。

除了插入系列外，还有一种嵌入系列，杰弗逊把它称为"旁侧系列"（side sequence）。旁侧系列是在会话过程中，听话的一方认为说话人的话中有需要澄清或需要更正的地方，从而打断了说话人正在说的话向他提出疑问而产生的。听话人提出疑问一般不在说话人所说的一句话的中间，而在一句话的终止处。这是因为在一句话的中间打断别人是不礼貌的，而且只有在说话人说完了一句话又没有表示出将进一步澄清或更正时，听话人才有理由提出疑问。在听话人提出疑问之后，说话人进行澄清或更正，然后听话人表示接受，并以某种结束语表示这个要求澄清或更正的嵌入系列业已结束，说话人可以继续说下去。因此，一个旁侧系列包括三个组成部分：疑问＋澄清＋结束语。例如：

下面这个例子显得复杂些，因为在第一次提出疑问后，说话人并未做出更正，于是另一个听话人再次提出疑问，这次说话人才更正了自己话语中的错误。

旁侧系列和前面讲的插入系列并不一样。插入系列嵌入到一个相邻对的两个组成部分中去，但旁侧系列并没有嵌入到一个相邻对的第一部分和第二部分中去，旁侧系列的前面和后面都是同一个说话人的陈述，同一个人的两个说话轮次当然不会是构成一个相邻对的两个部分。第二个不同之处是插入系列本身是一个相邻对，会话双方各说一次话，分别是一个相邻对的第一和第二部分，但旁侧系列却不是一个相邻对，因为它是由三个而不是两个部分构成的，疑问和澄清或许可以称得上是一个相邻对，但第三个成分"结束语"是必须的，如果没有这个结束语，第一个说话人似乎没有得到可以继续说话的认可，三个成分自然称不上是个对子。

上面介绍了会话的某些局部结构，这仅是对会话的局部结构进行研究所取得的一些主要成果，这些对会话局部结构的分析都是以相邻对这个概念作为基础进行的。自然会话的结构十分复杂，一个完整的会话能否全部以相邻对为基本单位分析成各种系列，这恐怕是需要通过更多的观察和分析才能得出结论的。确有一些学者对相邻对这一概念提出了不同的看法，有人认为对这个基本单位的作用有点过分强调了。但不论怎么说，相邻对这一概念的确为我们揭示会话的结构发挥了作用，也为进一步的研究奠定了基础。

第四节　会话的整体结构

作为一个整体，会话在结构上也呈现出某些特点和规律。任何一次完整的会话都由开端（opening）、本体（body）和结尾（closing）三个部分构成。比较起来，开端和结尾更能体现出结构上的特点，本体则因各次会话的性质、内容的不同而具有不同的结构上的特点。

一、会话的开端

在对会话的开端所做的多种研究中，比较著名的是谢格罗夫对电话会话的开端所做的研究。谢格罗夫采集了五百多次电话通话作为他的研究资料，从中他发现了一条普遍规律，即在电话会话开始时，先说话的总是接电话的一方，尽管说话的方式多种多样，如"Hello""Yeah""Dr. Brown's office""Macy's""Shoe department"等，但是先说话的总是听到电话铃声后接电话的人这一条"分布规则"不变。在他分析的五百多例中,只有一例违反了这条基本的分布规则,那是警察给美国红十字会打的电话,在听到对方拿起话筒约一秒钟但仍不见有人说话后,打电话的警察不得不先说了"Hello"。谢格罗夫并没有把这一例外作为异常情况处理,他发现这一所谓例外可以通过一条十分概括的规则来解释。他提出了"召唤—回答"系列这一说法。人们通常认为被"回答"的总是"问题",固然,"问题—回答"是一种常见的相邻对,但在广义上来说,可以被回答的除了"问题"之外,还有"来信""点名""挑战"等,也包括打来的电话。电话的铃声是一种"召唤",虽然这种召唤不是语言形式的召唤,回答这种召唤的只能是接电话的人,这就解释了总是接电话的人先说话这一现象。警察给红十字会打电话的那个例外,是因为在电话铃声这一召唤没有得到期待的回答后,警察才使用了语言的形式再次召唤,于是成了先说话的一方。因此,警察说的这一声"Hello",其作用相当于在电话接通前的又一次铃声。谢格罗夫发现的这种"召唤—回答"系列具有普遍意义,也可以用来解释一般会话的开端。当一方想和另一方会话时,他总得先以某种方式发出"召唤"。他可以采取不同的语言形式,如可以用对方的称谓"John""Mr. Jones""Mum""Waiter"等;对于陌生人,尤其是不知道其姓名的人,可以通过其他方式礼貌地引起他的注意,如"Excuse me""Pardon me";当然有时也可以用一些非语言的方式,例如,拍一下别人的肩膀,举手,乃至干咳一声,等等。这其中的任何一种方式都是"召唤",都和电话铃声具有同样的作用。

"召唤—回答"系列有几个明显的特点。第一个特点是它的"非终止性"。也就是说,"召唤—回答"不会是一次会话的最后一次交换,相反,它通常是一次会话的开始,它具有类似"开场白"的作用,它后面必定接着有别的会话内容,这是因为"召唤—回答"系列规定了"召唤者"在"召唤—回答"系列结束之后有义务再次说话。这比一般的"提问—回答"系列更具有约束力,因为"提问—回答"系列规定提问者在"提问—回答"系列结束后有再次提问的权利,但不是义务。

第二个特点是它的"不可重复性"。这就是说在一个召唤得到回答后,召唤者不能再次提出召唤。这又是和"提问—回答"系列不同的地方,提问者在问题得到回答后有权再提出另一个问题,也就是说,理论上这种"提问—回答"系列可以一直重复下去,但"召唤—回答"却不能。

第三个特点是它的"制约关联性"。这不是"召唤—回答"系列所独具的特点,而是所有的相邻对都具有的特点。根据这一特点,有了"召唤",理应要有"回答",如果"回答"不出现,召唤的一方便有理由重复"召唤"。电话铃的响—停—响—停便是多次重复的"召唤",一次又一次的敲门也是多次重复的"召唤"。如果在面对面的语言交际中,在对方听见了我们的召唤但没有回答的情况下,我们一次又一次地重复召唤,那就会显得过于坚持而给人以咄咄逼人之感了。

二、会话的结尾

会话结构呈现出比较明显特征的另一个地方是会话的结束之处。妥善地结束一次会话是需要一定的技巧的。会话是一种合作性的社会活动,在对方话语未尽的情况下唐突地结束会话是无礼之举。反之,如果双方想说的话都已说尽,却还不结束谈话,也会使人感到难堪和不快。

谢格罗夫和萨克斯认为会话的结尾包括三个基本的组成部分:结束系列、前置结束系列和话题界限系列。

对会话结构的讨论,笔者所介绍的大体上是谢格罗夫、萨克斯和杰弗逊这几位美国社会学家对会话结构进行分析所使用的框架和描述方法,他们的工作使我们对会话的构成有一定程度的认识,但这并不等于说他们的方法是十全十美的。实际上,对他们的这一套方法,一直是存在一些争议甚至批评的。有学者归纳了他们分析方法中的一些主要问题。首先,他们对自己的分析中所使用的描述范畴没有做出明确的定义,这使得其他人难以沿用他们的方法去做出更多的分析。此外,他们的分析只限于会话的个别部分,从没有对一次完整的会话做过通篇的分析,这是他们的分析工作中的一个不足之处。他们在分析中使用的基本单位是相邻对,但对于相邻对这一个概念,一直有人抱怀疑态度,有人认为在人们的会话中有相当一部分话语并不是由相邻对组成的,这就使得他们的分析方法失去普遍意义。但是我们不应该忘记的是会话毕竟不同于句子,会话是一种复杂的人际社会交往,它的构成牵涉许多因素,包括许多语言外因素,这就使得对它的分析复杂化。也许我们根本不能期待对会话的分析能和句法分析一样的严谨。我们只能通过对自然语言的观察和分析总结出一些粗线条的规律。

第五节 会话的动态语用研究

谢格罗夫、萨克斯和杰弗逊这几位美国社会学家对会话结构进行分析所使用的框架和描述方法,使我们对会话的结构具有一定的认识,但应该指出的是,他们的研究以及辛克莱等人对课堂上师生会话结构的分析模式,主要注重对交际结果静态的分析与描述,而忽视对交际动态过程的研究。这类会话结构分析只描述会话话语的交换系统,而对为什么在某一语境中交际双方采用某一特定的会话交换系统或结构不加以研究。因此,随着语用学研究的深入,从90年代初开始,对会话的分析与研究开始从静态描述发展为动态研究。用英国语用学家托马斯的话来说:"动态语用学关注内在的动机,即人们在相互交际的动态过程中为什么选择某些语言形式而不选择另一些语言形式来表达自己的思想感情或以言'行事'是有其内在原因的。"语用学对会话的分析和研究就是要对这些内在的动机和原因做出合理充分的解释。

一、话语角色类型

在给交际双方所担当的角色进行分类前,首先有必要区分话语角色和社会角色(discourse role vs social role)。社会角色指的是言语交际过程中交际双方或多方之间的社会关系,如一方是大学教授,另一方是大学生,等等;而话语角色指的是参与交际的任何一方与话语信息之间的相互关系,即研究和区分交际的某一方是在发出信息、接收信息,还是代表某一方在传递信息这类关系。

根据上述定义,我们可以把话语角色分成两大类,即谈话的产生者和谈话的接收者。

我们先讨论第一大类及其在言语交际中的转换现象。托马斯依据谈话产生者对所传递的信息担负责任的大小程度,将该大类话语角色类型细分为五种具体的话语角色:说话者、作者、传递者、代言者和传声筒。不言而喻,上述五类话语角色在话语交际中所发挥的作用和各自所具有的权力和承担的责任与义务无论在程度和范围上均有很大的差异,一般不能超越自身的角色而行使权利,否则属于话语角色的转换现象。这类话语角色的转换必须符合言语交际中的适切性原则,否则,则属于"变异"的,或反常的话语角色转换现象。

说话者是一个语用学意义上"无标记"的话语角色,一般指在特定言语交际过程中正在说话的那个人,通常说话者代表自己的意志说话;换言之,说话者这一话语角色在言语交际过程中同时发挥和行使作者和传声筒这两种话语角色的作用、权利和义务。

作者指的是那位隐藏在话语信息后面不直接说话的话语信息产生者,而传声筒则是按原话传达作者话语信息的某个人。作者这一话语角色跟其他"产生"型的话语角色有许多不同之处。最明显的差异在于作者和话语信息的接收者之间没有直接联系渠道,尽管和说话者一样,作者也是正在被传递的言外行为的产生者。作者在自然真实的言语交际中没有出场的资格和可能,往往以其社会角色和社会机构角色来代替。"作者"这个术语主要用来区分隐藏在言语交际后面的言语行为的创始者和事实上说出或实施某一言语行为的那个人,即传声筒或代言者。例如,当摩西从山上下来向芸芸众生传达"十诫"时,他只扮演"传声筒"这一话语角色,而上帝才是真正的"作者"。通常人们会以某种方式明确表明所说的话是代表自己的意志还是只传递别人的信息而已。

在言语交际中,交际者不仅在努力扮演好自己的话语角色,而且往往出于礼貌或其他内在的动机有意识地选择不同的、最有利于自身利益的话语角色;而其选择的熟巧程度在某种程度上也反映了一个人言语能力的大小、交际水平的高低和他的性格特征。

传递者指的是自己决定来传递某一话语信息的某一个人。传递者这一话语角色跟代言者和传声筒这两类话语角色最大的区别在于,他没有得到作者的授权,而是自作主张地来报道某一言外言语行为,因此有时对传递的言外行为的后果在某种程度上要负有一定的责任,典型的例子是传播"小道消息"的人,或没有得到官方认可报道"假新闻"的记者等。

代言者与传声筒之间的差别不像说话者与传声筒之间的差别那么明显。典型的代言者这一话语角色的特征可以概括如下：代言者是某一个人，或某一团体中的一员或代表，传递的言语意图代言者本人也是认可的；而传声筒只代表某一团体或个人，不是该团体中的一员，只是传递该团体或个人的言语意图而已。因此，代言者对其传递的言语信息负有一定的责任，而传声筒则毫无责任。

旁观者或无意中听到话语者一般均在说话者的听觉范围之内，但跟旁听者不同的是旁观者不属于某一言语事件的正式参与者，因此一般没有发言权；换言之，旁观者不是说话者的话语对象。

窃听者跟旁观者一样不是言语事件的正式和合法参与者，说话者甚至不知道有人在偷听，因此，窃听者通常没有发话或插话权；而旁观者或无意中听到话语者如认为说话者与受话者的话语跟自己有关，则可以插话。

二、会话活动类型

会话活动类型这一语用学范畴最早是列文森在1979年发表的一篇题为《活动类型与语言》的论文中首先提出来的；在当时并未引起人们应有的关注，只是到了20世纪90年代又成了语用学研究的热点之一。列文森当时对会话活动类型做过如下定义：

这是一个模糊范畴，其核心成员包括那些带有一定目的、受社会约定俗成的规范制约的事件；这些事件所特有的强制因素限定了其参与者的类别和其可能发生的场合等，但首先是制约了参与者可能有的作为。典型的例子有教学、求职面试、法律讯问、足球赛、通过工作研讨要完成的一项任务、聚餐会等。

从以上的定义可知，会话活动类型研究关注语境对语言使用的作用，那么这类研究跟社会语言学，特别是人种交际学家海姆斯所倡导的对言语事件（speech events）的研究又有哪些差异呢？托马斯认为言语事件这一描写语境的框架虽然也经常被一些语用学家所采用，但这并不意味着这样做是最合适的，因为它主要是用来对极为正式和高度仪式性的事件，如婚礼、葬礼、欢迎仪式进行描写；而对那些正式程度较低或不可预见的事件，如"大学入学面试""看医生"等用这一框架就无法成功地描写，更无法将其运用于对随意性会话的描写。换言之，海姆斯的描写框架关注外部社会和语境因素对语言使用的制约作用，而会话活动类型研究更注重语言使用方式和策略对交际成败的决定作用，力图揭示会话活动参与者是如何策略地使用语言和非语言手段来实现自己的交际目的和意图的；揭示条件相当的参与者为什么在相同的会话活动，如求职面试活动中，有的成功了，而有的则失败了。因此可以说，言语事件研究主要是对语境的静态研究，属于社会语言学的研究范畴，其目的是揭示已知的语境特征对语言使用系统的强制性制约。言语事件的参与者一般对语言的使用没有太多的选择权利和周旋余地，极端的例子如英国女王的加冕典礼；在这一言语事件中，女王的言行都是精心准备好的，甚至连观众的每一次"喝彩声"也是事先经过精心设计的。而会话活动类型研究则是对语境的动态研究，属于语用学的研究范畴，其目的是揭示语境的动态特征和发话者如何通过使用语言对语境加以操纵以达到自己的目的，极端的例子如莎士比亚的历史剧《朱利叶斯·恺撒》中安东尼在城民集会上通过言语手段将城民由国王恺撒的支持者变成了国王的反对者；这类例子在日常会话活动类型中也是屡见不鲜的。

托马斯认为对会话活动类型的语用研究至少应当包括以下五个方面的内容。

（一）会话活动参与人的交际目标

与海姆斯注重描写言语事件的目标不同，会话活动类型注重参与者个人交际目标的描写和揭示；每一位参与者的交际目的均可能各不相同，甚至截然相反，例如，法庭审讯这一言语事件的目标是做出公正的裁决，而原告律师和被告辩护律师各自的交际目的则截然相反。参与者的交际目标在相互交往过程中也可能调整和改变。

（二）会话活动参与人允许使用的语言和非语言手段

有些会话活动类型对参与人讲话的内容和范围有很多社会或法律上的制约和限制，例如，在法庭上，检察官一般不允许提及被告以前的犯罪事实，以免影响审判的客观性和公正性；同样，在西方的学术会议上，一般不允许人们发表有关个人私事方面的议论。当然，语用研究感兴趣的是会话活动参与人是如何巧妙地使用语言手段来突破上述限制以达到自身的交际目标的，例如，英国首相丘吉尔在反击政敌时，为了突破不能直称对方为"说谎者"（a liar）这一限制，而指控对方犯了"用词不准确"的罪过，从而达到了自己的交际目的，在竞争中占了优势。

（三）会话参与人遵守、违反或中止遵守格赖斯会话合作准则的状况

根据格赖斯的会话合作原则，所有参与会话的人通常都必须遵循四个会话准则，以便使交际能顺利地进行下去。但是，对上述四项准则遵守、违反或中止的程度和侧重点既具有文化差异性和文化相对性，又会因会话活动类型的不同而不同。例如，一般而言，在求职面试过程中，求职人为了达到目的总是尽力遵守关联准则，而对质量准则往往总是有保留地遵守，不会把自身的缺点全盘托出。而在职业咨询时，为了让职业顾问对自己适合何种职业提出准确和客观的建议，求职人一般都会全力遵守质量准则，向职业顾问提供关于自己尽可能全面、准确的信息，对方式和关联准则的遵守则不必过于苛求，特别在正式程度较低的职业咨询活动中更是如此。因此，对会话参与者违反或中止遵守会话合作原则的内在动机和终极原因只能在特定的会话活动类型中才能做出合理的阐释。

（四）会话参与者遵守或违反礼貌原则及其准则的情况

国内外的研究表明，对礼貌原则及其准则的遵守或违反不仅具有文化相对性，受制于不同文化的价值观念，而且在不同的会话活动类型中对各条礼貌准则的重视程度也呈现出很大的差异，受制于会话参与人的交际目标和意图。例如，谦虚准则在日本和中国比在英

国更受到人们的重视；而在英美演艺界举行的颁奖仪式这一特定的场合，获奖的演员通常很重视遵守谦虚准则，极力淡化自己的成就，将成功归功于导演、制片人和其他演员。中西方人士在参加学术会议时对谦虚准则的实现方式也呈现出很大的差异。中国学者一般在正式发言时会先"自贬"一番，以此作为实施礼貌原则的手段；而西方人一般没有这一习惯。当然，在很多会话活动类型中，礼貌现象的文化差异并不明显。例如，在求职面试中，受制于交际目标，受试人总是极力强化自己的成绩和优点，并不太在意自己是否遵守了谦虚准则。这一点中西方并无太大的差异。因此，对礼貌现象的考察也只有结合具体的会话活动类型才会具有较强的解释力。

（五）会话参与者对语用参数操纵的情况

如前所述，会话活动类型研究实际上是一种对语境的动态研究，换言之，会话参与者为达到各自的交际目的，均会根据已知的语用参数，如交际双方或多方之间的社会距离、权势关系、各方的权利和义务及在特定文化中某一话语所具有的强加程度等方面的不同情况而策略地使用语言和非语言手段。例如，会话活动参与者往往会使用亲昵的称呼语或正式的称呼语来缩短或扩大彼此之间的社会距离，表明各自的身份、地位和享有的权利等；同样，在不同的会话活动类型中，参与者既会选择适切的语域，又有常常通过策略地变换语域的方式来增强或减弱交际场景的正式程度，以适合不同的交际目的和意图。因此，对会话活动类型语体特征的考察不仅有助于了解会话参与者相互之间的人际关系和权势关系，而且也有助于从另一个侧面把握会话参与者对语体选择的熟巧程度，进而了解其驾驭言语的能力、交际水平和性格特征。

会话活动类型研究是否就包括上述这五个方面的内容呢？笔者认为并非如此。只能说这些是会话活动类型研究中的一些主要内容。会话活动类型作为语用学的一个新的研究范畴，它的研究范围尚不十分明确，它的研究方法也没有形成一个严密的体系，仍是一个开放的系统。

第六章 跨文化视角下的语用研究

跨文化语用学是近 20 年来发展起来的，而且是发展得很快的一个语用学分支。近年来有大量的研究成果问世，国外学术刊物上用英语发表的有关这一领域的学术论文大约就有 600 多篇，每年还有许多硕士、博士生撰写这一方面的论文。跨文化语用学具有广阔的前景。

第一节 跨文化语用学概述

由于语用学本身是语言研究的一个新兴学科，语用学家对其研究范围的看法不尽相同，而且对"跨文化"的理解也各不相同，因此，人们对跨文化语用学的研究范围就更难有一致的看法了。何自然认为，"跨文化语用学研究在使用第二语言进行跨文化言语交际时出现的语用问题。跨文化言语交际指交际一方或双方使用母语进行的言语交际。由于在这样的环境中所使用的第二语言总是或多或少地伴随着母语的文化特征，所以称之为跨文化言语交际"。尤尔则认为跨文化语用学研究的是不同社团（community）对意义构建方法的不同期盼。要回答什么是跨文化语用学这一问题，首先要知道什么是跨文化，什么是语用学。

"跨文化"在英语文献中通常用两个术语来表示：一个是"inter-cultural"，另一个是"cross-cultural"。因此，我们常可以看到英语中"跨文化交际"分别用"inter-cultural communication"和"cross-cultural communication"来表示。语言学家和文化人类学家根据各自研究领域的特点对这两个术语的使用各有偏爱。语言学家和应用语言学家较多使用"cross-cultural"，而人类学家则更喜欢使用"inter-cultural"。尽管不同的人对以上两个术语的解释有所不同，但有一点是基本一致的，那就是"inter-cultural communication"的研究并不只对言语交际感兴趣，它还力图对影响跨文化交际的各种因素做出解释。它研究的重点是在非语言的文化因素上，尽管不否认语言在体现文化差异上的重要性，但文化问题似乎比语言问题更为重要。正如有学者指出："事实上，尽管个人的语言与文化紧密相连，也确实在跨文化交际中造成重要的障碍，但语言问题没有其他的文化障碍那么严重。"

"跨文化交际"这一术语常用来指任何两个不同语言文化背景的人之间的交际。这样，跨文化交际不仅包括国际间的跨文化交际，还包括跨种族交际、跨民族交际，以及属于同一文化背景的不同群体之间的交际，包括不同年龄、不同职业、不同社会阶层、不同教育背景等人之间的交际。

什么是语用学以及语用学研究的内容已在前面论述，这里就不再赘述。目前人们对语用学的界定还未有定论。不同的人对其研究的范围也有不同的看法。利奇在对普通语用学定义时，给出了语用语言学和社会语用学的区别。笔者在给跨文化语用学定义时也将采用这一区别。笼统地说，跨文化语用学指的是跨文化研究和语际语的语用学研究。前者的主要内容可归纳为跨文化语用语言学研究和跨文化社会语用学研究；后者称为语际语语用学研究。

第二节 跨文化语用学的形成和发展

跨文化语用学的产生是语用学理论本身发展的结果。许多语用学理论的提出，如20世纪六七十年代的言语行为理论和会话原则的提出；20世纪70年代末、80年代初"面子"理论和"礼貌"理论的提出都引起了各国专家、学者的极大兴趣。这些理论尽管以某种文化为背景，但它们似乎都认为这些理论具有普遍性。正如威尔兹彼卡所说："言语行为理论和与哲学家塞尔、格赖斯的著作相关的以及以后的会话逻辑理论都认为美国白人的说话方式代表了人类一般的说话方式。"而以牺牲文化差异为代价、寻求普遍性的原则也是布朗和列文森的"面子"理论的特点，这些理论都因以说英语的国家文化或以西方文化为背景在语言学界常常受到批评。这些理论究竟在多大程度上具有普遍性，这是各国语用学家所关心的问题。利奇提出其"礼貌"理论时已意识到这点，他在《语用学原则》一书的某一章中说：本章对这一论题未论述的另一个方面是与人际修辞有关的不同语言和文化的类型研究。至今我们对不同文化间在这一方面差异的了解是带有趣闻轶事性质的，比如有这样的观察，有的东方文化国家（如中国和日本）比西方国家更强调"谦虚准则"，英语国家则更强调"得体准则"和"讽刺原则"……当然，这些观察认为，作为人类交际的总的功能规则，这些原则多少是具有普遍性的，但其相对重要性在不同的文化、社会和语言环境中是各不相同的。

在同一书中利奇写道："在交际行为的跨语言比较方面我没有做什么，但这是一个非常诱人的领域，许多研究还有待去做。"因此，以上这些语用学理论的提出促使许多非西方文化国家的学者根据本国的情况，对这些理论的普遍性进行研究。跨文化语用学研究也就随之产生了。

跨文化语用学早期的研究主要是探索语用理论的普遍性问题，也就是说，以上提到的语用学理论在多大程度上具有普遍性。这种普遍性与言语行为研究尤其相关，因此，20世纪80年代初就有许多实施言语行为的实证研究。最著名的研究要数布卢姆-库尔卡等人在20世纪80年代初的CCSARP（Cross-Cultural Speech Act Realization Patterns）项目。

该项目就"请求"和"道歉"这两个言语行为进行了八种语言和语言变体之间的对比。这些研究通常都与"礼貌"现象有关。这一时期跨文化语用学研究的主要内容有以下这些:

①确定不同语言文化语境中实现言语行为的常用策略以及这些策略是否具有普遍性;

②研究实现这些言语行为所用话语的礼貌程度;

③确定影响语言使用者选择某一言语行为的情景因素;

④调查与情景特征有关的言语行为形式的变化;

⑤语境变异的跨文化差异。

以上大多数研究都是在话语层次上进行的,语料收集方法大多采用非交际性的,像"话语完型"这样的引发法。"这些研究往往忽视了言语行为的多功能性,无法解释交际的动态性和意义的可磋商性。在日常生活中,同一言语行为可能具有多种功能,其言外之力在不同的语境中各不相同。另外,言语行为还会在交际的不同阶段起不同的作用,对它的解释也会因言语事件的不同而不同。"后来人们意识到有必要对言语行为从动态的角度进行研究,其研究的单位也从单个的话语转向整个会话,如话语分析家发现"礼貌"常常隐含在整个话语的组织中,优先选择结构(preference organization)就是考虑"礼貌"的结构之一,其他如前置系列、旁侧系列、修正系列、会话开始和会话结束的方式等对"礼貌"都有影响。

近年来,除了对以上提到的不同文化对言语行为策略的选择、不同文化在不同的情景语境中遵循利奇的礼貌原则及其各准则的差异等研究以外,人们还对涉及语言使用的各个方面进行研究,如对不同文化对各种语用因素的不同解释、不同文化在遵循格赖斯会话原则及其准则差异等进行对比研究。除了对以上这些方面进行跨文化的对比研究外,人们还对第二语言或外语学习者使用第二外语或外语的语用特征及语用能力的习得进行了研究。

不同的人对跨文化语用学研究的内容有不同的看法。何自然赞同布卢姆-库尔卡等人的观点把跨文化语用学的研究内容大致分为以下四个方面:①言语行为的语用研究;②社会—文化的语用研究;③对比语用研究;④语际语言的语用研究。尤尔则认为跨文化语用学研究的是不同社团对意义构建方法的不同期盼,其内容包括该书论述的各个章节的内容。"对各种文化语言使用的不同方式的研究有时叫对比语用学。如果研究的重点放在非母语说话者试图用第二语言进行交际时的行为,那么,就被称作语际语用学。"

笔者不把对比语用学看作跨文化语用学的一部分,是因为"对比"只是一种方法。对比语用学是采用对比语言学(指语音、语法、语义等层面的对比研究)的研究方法对语言的语用层次进行研究的一门学科,是对比语言学的自然延伸。跨文化语用学是对语用各层面的跨文化研究,而任何层次上的跨文化研究都必然要采用对比的方法。笔者比较赞同尤尔的观点,但他的定义太宽泛,归纳性不够。跨文化语用学研究的内容很多,主要内容可以归纳为以下三个方面。

①跨文化语用语言学研究,如对不同文化中相同或相似的语言形式和语用功能的差异进行的研究、不同文化对言语行为策略的选择差异进行的研究等。

②跨文化社会语用学研究，如对不同文化对各种语用参数的不同解释、不同文化在遵循格赖斯会话原则及其准则上的差异、不同文化在遵循利奇的礼貌原则及其各准则上的差异进行的研究等。

③语际语语用学研究，如对人们在使用第二语言进行跨文化言语交际的语用行为以及习得第二语言时的行为模式进行的研究。

下面我们将这三项内容逐一进行介绍。

一、跨文化语用语言学

语用语言学主要研究语言形式和语用功能之间的关系。跨文化语用语言学研究的是不同语言文化中相同或相似的语言形式的语用功能的异同，以及人们在理解这些语言形式和使用这些语言形式实施言语行为的异同。这包括语言形式的各个层面，如语音、词汇、语法、修辞、语篇等。如在语音层面，声调语言与非声调语言的语调功能有明显的区别。汉语是声调语言，汉语里如果一个词的声调变了，该词就可能变成另一个词。英语中的词尽管可以改变它的声调，但词的本义却不变。但英语中的语调却常常能表达一定的语用功能。如对"Do you know John Smith？"至少可以用两种语调作答，即升调和降调，但它们所表达的意义不同。用升调表示说话人要求问话人继续他想说的话，用降调则意味着对话就此结束。

两种语言中语义相同或结构相似的词可能会有不同的"解释倾向性"（interpretive bias）。如法语中的"prix incroyable"、英语中的"incredible price"和汉语中的"难以置信的价格"都有"价格低得难以置信"和"价格高得难以置信"这两个意思。但法语中往往指的是前者，而英语和汉语中往往指的是后者。又如"of course"在英语、汉语和俄语中语义相同，在汉语、俄语以及许多斯拉夫语言中都无贬义，而英语中在类似以下的对话中"of course"具有说话者认为问话者无知这样的含义。例如：

①A：Is there a party on Saturday evening？
　B：Of course.

②A：Would you like something to drink？
　B：Of course.

如前所述，同一言语行为可以用多种语言形式来实施，但这并不意味着这些语言形式可以相互替换，在一种语言中用来表达某一言语行为的最常用的言语行为策略在另一种语言中并非也是如此。如在汉语和西班牙等语言中顾客到商店买东西常常用"给我……"这样的祈使句，而英语中却用消极礼貌策略，即常规的间接请求"Can I have..."加上"please"。

同一言语行为的构成在一种语言与另一语言中会有差别。如克莱曼和凯指出典型的"撒谎"有以下特征：①所说的话是不真实的；②自己知道是不真实的；③有欺骗的企图。因此，典型的说谎应具有以上所有特征，如：你未经同意拿了别人的伞，然后说你没拿。次典型的"撒谎",也许只符合其中的两个特征;如果只符合一项特征,那么,就很少有人会认为是撒谎。在大多语言文化中,"撒谎"这一言语行为都具有这三个特征,但并非所有的言语行为都如此。如汉语中的"道歉"和英语中"道歉"特征大致相同,但和日语中的道歉相比,则差别较大。汉、英语言中的"道歉"有以下特征:①说话者对某一行为表示后悔;②说话者对这一行为负有责任。日语中的"道歉"却并不一定具有第二个特征,人们有时认为在汉、英语中应该表示感谢的,日语中却要"道歉"。这种看法是由于汉、英语和日语中"感谢"和"道歉"这两个言语行为使用范围的不同而引起的。

同一种言语行为在不同文化中使用的范围也会有差别。英语中用于表示说话者要求别人做事的动词很多,如 invite、suggest、request、command 等,但这些动词具有的特征却不完全相同,它们所表示的说话双方之间的权力关系不同;被要求的一方可能是受益者也可能不是受益者。但在汉语中表达同一言语行为的动词就非常有限。

不同文化在会话结构上也有较大的差异,以电话会话为例,汉语中的个人会话(这里指非工作环境的公事电话)在谈正事之前除了日常的问候外,常常会谈点家常,然后才讲打电话的真正目的。当然,有急事或打越洋电话则另当别论。在会话的结束方式上,汉英两种语言也有较明显的区别。尽管汉、英语中会话结束通常都包含结束系列、前置结束系列和话题界限系列三个组成部分,但具体实现这些系列的策略不同。以结束系列为例,英语中会话常常以会话双方交换以下这类道别语的方式结束,如"Goodbye""Bye""See you",而汉语中则未必用"再见""明天见"来结束会话,人们常常以"好吧,就这样""好,那就这样了"等来结束会话。

以上举例说明了跨文化语用语言学研究的各个层次,但目前以言语行为为单位进行的研究居多,其中研究得最多的是与"礼貌"有密切关系的言语行为,如请求、道歉、恭维、拒绝等。言语行为的研究主要包括以下几个方面的内容。

①不同文化在实施同一言语行为时所采用的语言形式的差异,如祈使句、情态动词,等等;

②不同文化中能用于实现同一言语行为的不同语言形式中最常用形式的差异;

③在实现某一言语行为时,常常与之配合使用的言语策略,如缓和语、礼貌词语、敬语等方面的差异;

④同一言语行为在不同文化中的使用范围及频率的差异;

⑤不同文化对言语行为理解的差异。

二、跨文化社会语用学

"社会语用学是语用学研究的社会学侧面",它研究的是"影响语言使用的社会环境",即对影响人们语言使用的社会文化因素进行研究的一门学问。尽管"合作原则""礼貌原则""面子理论"等语用原则具有普遍性,但不同文化背景的人在遵循这些原则,以及对影响遵循这些原则的因素的解释上存在着差异。跨文化语用学就是要对不同文化间的这些异同进行研究。下面笔者先介绍一下影响人们使用间接言语行为的因素，然后，说明人们在遵循语用原则上的差异。

（一）影响人们使用间接言语行为的因素

在任何社会的自然言语交际中，间接言语行为都可以说是一个很普遍的现象。正如格赖斯所说，除了"显性行使句"外，任何言语行为在某种程度上都是间接的。对什么是间接言语行为以及人们为何要使用间接言语行为这里不再赘述。我们知道影响人们使用间接言语行为的因素很多，但我们可以这么说，任何社会支配间接言语行为的因素是基本相同的，它们大致可归纳如下。

①权力关系：你对听话者拥有多大的权力？会话双方的权力差别越大，说话就可能越间接（你对上司说话比对你儿子说话更间接）。

②社会距离：你对听话者的熟悉程度如何？你和听话者越熟悉，说话的方式就可能越直接；你与听话者的关系如何（是亲密的朋友还是陌生人）？你与听话者关系越密切，说话的方式就可能越直接。

③要求大小：你要求别人做的是小事还是大事？如你是问别人借辆自行车用一小时，还是借辆小车用一个周末？你向别人提的要求越高，问话的方式就可能越间接。这里的要求并非一定与物质相关，也可能指信息。如在英国问"时间"可以用非常直接的方式，但要问别人的收入则常用非常间接的方式。

④权利与义务：会话双方的相对权利与义务如何？如果你要求别人做的事是你的权利（或者是别人的义务），那要比你求别人帮忙用的说话方式直接。例如，你叫出租车送你去车站所用的说话方式要比叫你的邻居送你去车站要直接。

以上所列的影响语用选择的因素并非一成不变，不同文化间的差别则更大。这些因素在言语交际的过程中是可以磋商的，也就是说随着会话的进行，这些因素是会发生变化的，如下面是个对"要求大小"进行磋商的例子。

（A is going off to a university. B is her mother.）

A：Mum. You know those browny glasses.

B：Mm.

A：The ones we got from the garage.

B：Mm.

A：Do you use them much？

B：Not really，no.

A：Can I have them then？

A打算去学校。她设法劝她母亲B给她几个玻璃杯。在她提出要杯子之前的一系列话语降低了杯子的价值，最后在她向母亲提出要杯子时，母亲就很难拒绝了。

又如下面是个对社会距离进行磋商的例子：

A：殷院长。

B：不用客气，我们都是朋友，你们年纪又比我大，别叫我殷院长了，就叫我小殷吧？

A：小殷。

以上例子在英文中更为常见，如：

H：Dr. Thomas？

J：Jenny.

H：Jenny.

以上两个例子中，会话双方都是初次见面。例句中的A和H为了礼貌起见都用了头衔加姓作为称呼，而B和J却都拒绝用这样的称呼，而要求用直呼其名或者"小"加上姓的方式来缩小说话双方的距离。有时为了达到某一特定的目的，说话者可能会改用称呼来改变听话者的社会角色以表示尊敬。以上例子说明影响间接言语行为的因素在日常交际中既可以缩小也可扩大。

以上语用因素还可根据不同的文化再进行细分，如斯宾塞把"权力"这一因素分为以下五种。

①奖赏权力（reward power）：说话者权力高于听话者，因为说话者有对听话者产生积极影响的控制权（如说话者能给听话者高分、积极的推荐等）。

②强制权力（coercive power）：说话者的权利高于听话者，因为说话者有对听话者产生消极影响的控制权，如说话者有损害、惩罚听话者的权力。

③专家权力（expert power）：说话者的权力高于听话者，因为说话者有听话者所需的特殊的知识或专长。

④合理／正当权力（legitimate power）：说话者的权力高于听话者，因为说话者在年龄、地位、作用等方面有优势，有权指示或要求听话者做事，如说话者可以要求听话者做事，因为说话者是听话者的老师、是警察，等等。

⑤参考权力（referent power）：说话者的权力高于听话者，因为听话者崇拜说话者，或想在某一方面与说话者一样，如因为说话者是体育明星、流行歌星、民族英雄等。

以上这些因素在不同文化的交际中的重要性也不尽相同。

（二）对语用参数的跨文化研究

以上我们谈了影响人们言语行为选择的因素，尤其是间接言语行为选择的诸因素。尽管这些因素本身在各种文化中具有普遍性，但不同的文化对这些因素的解释却各不相同。上节中的例子说明影响间接言语行为的因素在日常交际中既可以缩小也可以扩大，但在不同文化中人们对哪项因素应首先缩小或扩大以及如何缩小或扩大存在着差异。据观察，英国文化中似乎更喜欢缩小"要求"，而美国文化中则更喜欢缩小"社会距离"。在不同的文化中人们所渴望的"权力"，尤其是说话者言明的这种权力也是有差异的。如在英国许多人都渴望有"专家权力"或者"参考权利",而不愿言明其"合理/正当权力"。而在其他一些国家,如日本,会话双方一开始就弄清对方与自己在年龄、社会地位等方面的关系是非常重要的。但遗憾的是这方面的研究成果不多。

以上提到的是各种文化背景的人对他们所渴求的权力存在着差异。另外,更容易被人忽视的是,会话双方的同一种关系在不同的文化中会有不同的解释,如父(母)子(女)关系在所有文化中都存在,但在有的文化中,这种关系意味着亲密的、非权威的关系,在语言上反映为 T- 形式（Brown&Gilman1972）的使用,而在另一些文化中却意味着疏远的、权威的关系,在语言上反映为 V- 形式的使用。

不同文化对会话双方的角色,以及与言语事件有关的会话双方的相对权利和义务的看法也各不相同。如在中国,教师对学生的衣着、发式提出批评,用命令的口吻叫学生擦黑板实属正常,但在英国,这是不可思议的。这就是因为中国与英国对师生的相对权利和义务的看法不同。在中国强调"教书育人",对学生的不良行为提出批评是教师的职责,而像擦黑板这样的事是学生的义务,也是尊敬教师的表现。

在这些语用参数中,各种文化间区别最大的也许要数"要求的大小"了。如在某些国家,香烟非常便宜,你可以直截了当地向陌生人要烟;在中国,你也可以用不十分间接的言语行为向不十分熟悉的人要烟,如"我今天匆匆忙忙忘了带烟,给我一支烟"。而在英国香烟非常贵,即使向朋友要烟,也常常要用间接言语行为。

前面我们已经提到"要求的大小"并非只是指物质上的,也可以指其他的东西,尤其是信息。如问别人的体重,在中国是常见的事,在西方国家,除了在医院里医生问病人外,这一信息只能通过非常迂回的方式才能了解到。

（三）"礼貌原则"和"面子"的跨文化研究

对于人们为什么说话时采用间接言语行为,利奇提出了"礼貌"原则来解释;布朗和列文森则提出了"面子"理论来解释语言使用中的礼貌现象。这两个有关"礼貌"的理论的共同点是旨在能对"礼貌"这一普遍现象做出解释。但同时他们也意识到在不同文化中礼貌具有的特殊性。布朗和列文森认为他们理论中的核心——"面子"这一概念具有普遍性,但在特定的社会它又受到该文化规则的制约,如"什么言语行为威胁面子?""怎样的人有保护面子的特殊权利?"以及"怎样的个人风格受人喜欢?"等。利奇也指出,"礼貌原则"的各准则在不同的文化中的重要性不同。他举例说在日本文化中"谦虚准则"置于"一致准则"之上。

尽管礼貌具有普遍性,但不同文化在实现礼貌的方法以及在礼貌的判断标准上却存在着差异。这些差异是有其历史原因的。它是在社会、历史、人文、地理等多种因素的长期影响下逐步形成的。如利奇的"谦虚准则",即"尽力缩小对他人的贬损;尽量扩大对他人的赞赏"具有普遍性,但在不同的文化中遵循这一准则的程度却不同。当英语文化背景的人受到表扬时,常常说一声"Thank you",接受别人的赞扬,以避免伤害表扬者的积极面子（positive face）来表示礼貌，而中国人常常以否定别人赞扬的真实性的方法进行自贬来表示礼貌。

有学者在讨论礼貌和个体主义时说：个体主义可能与人们从欧洲大陆教派的束缚中解放出来和大西洋彼岸新世界的开发有关，它在英语文化中受到高度的尊重。因此，尊重个人自由、尊重个人权利、尊重个人自主在英语国家被认为是礼貌的。布朗和列文森把"主动给人提供便利或物品"和"向他人发出邀请"归为威胁面子的言语行为也就不足为奇了，因为它们在某种意义上妨碍了听话者的自由。但是，这对具有两千多年封建社会历史的中国人来说却很难接受，因为对中国人来说"主动给人提供便利或物品"和"向他人发出邀请"是出于诚意和关心，是为了让对方受益，所以，不管听话者的选择和喜好如何，说话者这样做总是被认为是礼貌的，必要时还得强行让对方接受，才真正体现他们的礼貌。

利奇的"赞同准则"，即"尽量缩小自身和他人之间的分歧；尽量夸大对自身的贬损"也是这样的。尽管在各种文化中不同意别人的观点是非常正常的，但用怎样的方式来表示不同意却各不相同。如在英国，人们表示否定时常常使用"Yes，but..."这样的方式。这里的"yes"是与"赞同准则"一致的，表面上的同意，是为后面表示不同意做铺垫，使人更容易接受。其他文化中（或在英国的学术研讨场合）却更能容忍对方直接表示不同的观点。而日本人表示不同意别人的方式常常非常间接，他们常用像"（Oh.）Do you think so？"这样的问句来表示反对，以至于非日本本族文化的人难以辨认他们究竟是同意还是不同意自己的观点。

三、语际语语用学

（一）语际语语用学研究的主要内容

语际语语用学是 20 世纪 80 年代兴起的一个新的语用学分支，在近四十年的时间里已有大量的成果问世，这些成果主要包括以下内容：非母语使用者对目的语的言外之力和礼貌的判断和理解、非母语使用者的言语行为、情景因素对选择语言形式和言语策略的影响、语用失误、语用迁移、目的语语用能力的形成和发展、教学对目的语语用能力形成和发展的作用等。语际语语用学研究是从对母语使用者的言语行为的研究借鉴而来的，因此它还包括像话语顺序和会话技巧以及工作场合会话的研究等。上述这些研究都是以实证语用学，尤其是言语行为、跨文化语用学以及目语交际社会语用学的研究为基础的。其研究成果对外语教学起着非常重要的作用。它的出现受到各国语用学家，尤其是应用语言学家和外语教师的极大关注和高度重视。因此，它的发展非常迅速。

"语际语语用学"这一术语来自英语，其英语术语是 interlanguage pragmatics。interlanguage 这一术语是心理语言学家塞林格提出的，指的是第二语言学习者在学习第二语言过程中所掌握的目的语。塞林格认为语际语系统是一种既不属于母语也不属于目的语的特殊语法系统，这种语法系统只能在第二语言习得环境下出现。塞林格对语际语的研究只局限于其语法系统。而 interlanguage pragmatics 则是在塞林格的 interlanguage 研究的基础上增加的一个新的层面,即语际语的语用研究。从这一意义上来说,它可归属于第二语言习得研究。又因为"语际语语用学"是从语用学的角度来研究语际语的,而语用学研究的许多论题都与文化有关,因而语际语的研究又必然涉及两种语言和文化,所以,语际语语用学又属于跨文化语用学。

正如卡斯珀等人所说:"语际语语用学"是一个第二代的"混血儿"(hybrid)。正如其名所示,它同时属于两个不同的交叉学科。作为第二语言习得研究的一个分支,它是语际语研究的一个专题,与语际语音位学、语际语词法学、语际语句法学和语际语语义学相对应;作为语用学的一个分支,它可以是社会语言学、心理语言学或只是语言学研究的内容,就看你如何确定语用学研究的范围了。

目前我国的语言学和外语教学学术杂志上几乎所有作者都把"interlanguage pragmatics"译作"语际语用学",而不是"语际语语用学"。我们觉得尽管"语际语语用学"读起来比较拗口,但它更符合英语 interlanguage pragmatics 的原意,interlanguage pragmatics 顾名思义是对语际语进行的语用学研究。interlanguage 又称作"过渡语"或"中介语",因此,interlanguage pragmatics 也可译为"过渡语语用学"或"中介语语用学"。而"语际语用学""过渡语用学"或"中介语用学"则较难理解,因为"语际"指的是语言与语言之间,那么,语言间的语用学研究的是什么呢?是指语言间的语用对比研究呢?还是指跨语言语用研究呢?令人迷惑不解。

语际语语用学是对语际语言的语用学研究,它可以分为广义的和狭义的两个方面。狭义的语际语语用学指的是对非母语使用者语际语言的语用现象和特征,以及这些现象和特征的形成和发展规律进行研究的一门学问。广义的语际语语用学还包括母语使用者通过语言接触而形成的跨文化语际语语体、语际语形成和变化的条件、语际语和源发语的关系和语际语的交际效果等的研究。相关学者把狭义语际语语用学中从静态的角度对非母语使用者语际语言的语用现象和特征进行的研究称作"静态语际语语用学"。静态语际语语用学可分为两部分,一是从语用学的角度对非母语使用者使用目的语的语用现象进行研究,二是对非母语使用者理解目的语时的语用知识进行研究。相关学者把对非母语使用者语际语言特征的形成和发展规律进行的研究称作"动态语际语语用学"。由于狭义语际语语用学研究的内容在第二语言习得的研究中最受重视,对外语学习的作用也最大,下面笔者就狭义语际语语用学的两个分支,即静态语际语语用学和动态语际语语用学分别做一介绍。

(二)静态语际语语用学研究

从静态的角度对语际语言进行的语用学研究在 20 世纪 80 年代大多都集中在对母语使用者和第二语言学习者在言语行为的理解和使用以及礼貌级别的识别的差异上,这方面研究成果的总结介绍不少。卡斯珀对研究非母语使用者言语行为的使用和理解、第二语言言语行为有关知识的习得的 39 项语际语语用学研究所使用的语料收集方法以及研究本身做了较详细的介绍和评论。卡斯珀对第二语言的言语行为进行了研究并着重探讨了迁移的作用。埃利斯则主要对语际语中"请求""道歉"和"拒绝"这个言语行为的研究做了详细的介绍。还有的学者如沃尔夫从社会语言学的角度对语际语进行了研究。卡斯珀和布卢姆－库尔卡在其《语际语语用学》一书的前言中把语际语语用学的研究成果归纳为语用理解、语言行为的表达、语用迁移和交际效果等四个方面，并做了介绍。下面我们根据卡斯珀和布卢姆－库尔卡的归类分别就语用理解、语言表达、语用迁移和语用失误等四个方面的研究做简要的介绍。

1. **语用理解**

对语用理解的研究包括外语学习者对目的语言语行为的理解和礼貌手段的识别，这种研究主要集中在 20 世纪 70 年代末和 80 年代前期。研究表明，语言形式、语境以及文化背景在非母语使用者理解第二语言间接言语行为时都起着重要的作用。但研究人员对哪一种因素的作用更大却存在不同看法。卡雷尔发现外语学习者不论其语言、文化背景如何，年龄大小如何，也不论他的英语能力如何，在理解间接言语行为时常常依靠语言信息。但也有学者的研究表明儿童在理解间接言语行为时主要依靠语境信息，而非语言信息。学者们对不同文化背景的人在理解间接言语行为时存在差异这一点的认知是比较一致的。在礼貌手段的识别方面，研究表明母语使用者和外语学习者对表达"请求"策略的礼貌判断上具有很大的相似性，但也存在着一些差异。主要表现为，外语学习者对同一语境中语言形式礼貌的定位比母语使用者要高，这反映了他们对语言形式的礼貌级别过于"敏感"，但不同文化背景的外语学习者在识别目的语礼貌手段时常常会借助于识别母语礼貌手段的方法，因此，他们之间也存在着差异。礼貌手段的识别主要取决于对目的语接触的程度，尤其是与目的语母语使用者接触时间的长短以及接触的频繁程度。

2. **语言表达**

研究表明各种语言虽然其系统不尽相同，但他们能表达的言语功能以及表达这些言语功能的策略大致相同。外语学习者在使用目的语表达言语功能时常常受其目的语的语言知识和使用目的语技巧的影响。因为同一语言形式在不同语言中能表达的言语功能以及使用的范围都可能不同，外语使用者常常有意无意地按照其母语语言、文化模式来操纵第二语言。因此，外语使用者与母语使用者在语用策略模式方面不完全一样。研究表明语际语中表现出来的语用语言知识的不足在一些像"I'm sorry." "Excuse me." "Never mind."等这样的形式化的日常用语的使用上体现得最为明显。在礼貌表达方式和礼貌策略的选择上，本族语与非本族语者之间也有差异。在许多场合美国人常用取悦对方的方式，如赞扬对方来表示礼貌，而中国人却常采用贬己尊人的策略来表示礼貌。本族语者大多以语境作为依据，而非本族语者常较少考虑语境。

3. **语用迁移**

语用迁移指的是外语使用者在使用目的语时受母语和母语文化的影响而套用母语的语用规则的现象。根据对交际的作用，语用迁移可分为正迁移和负迁移。正迁移指外语学习者在用目的语进行交际时套用母语语用规则获得成功,而负迁移则相反。语用迁移也可按照语用学研究的两个侧面分为语用语言迁移和社会语用迁移。语用语言迁移主要是指外语学习者在使用目的语时套用母语的语言形式,例如,日语表示不同意可以使用疑问句,但日本人讲英语时表示不同意也采用这一句式的话就会产生负迁移,因为英语通常不用疑问句表示不同意。社会语用迁移指的主要是外语学习者在使用目的语时套用母语文化中的语用规则以及语用参数的判断。迄今为止对语用迁移的研究大多都集中在负迁移上,对正迁移的研究较少。目前文献中证明语用迁移存在的材料很丰富,但对语用迁移在怎样的情况下起作用,在怎样的情况下不起作用的调查研究却很少。

4. 语用失误

语法错误从语言的表层结构就能看出,受话者很容易发现,常常把这种错误归咎于说话者语言知识的缺乏,因此可以谅解。语用失误则不然,如果一个能说一口流利外语的人出现语用失误,人们不会把他的失误归咎于其语言能力,而很可能认为他不友好或缺乏教养。引起语用失误的原因可粗略地分为两种:一种通常是由于外语学习者使用的目的语不符合本族语者的语言习惯或套用母语的表达方式而引起的;另一种是由于不了解或忽视会话双方的社会、文化背景差异而引起的。

(三)动态语际语语用学研究

近二十年来的语际语语用学研究与语际语其他领域的研究不同。其重点一直都是对第二语言使用者所使用的目的语的语用特征进行研究,而很少对第二语言使用者或学习者的语用能力的形成和发展进行研究,其主要原因是语际语语用学的基础主要是跨文化语用学的实证研究,而不是第二语言习得。因此,语际语语用学研究的课题基本上也就是跨文化语用学研究的课题。动态语际语用学研究,即对第二语言使用者或学习者语用能力的形成和发展进行的研究则主要属于第二语言习得研究的范畴。因此,其研究内容也和第二语言习得的研究内容密切相关。有学者把近年来动态语际语语用学研究的问题归纳如下:

①跨语言变体是否有语言共性,如果有,在语际语语用学中起什么作用?
②语际语与目的语的近似性如何测定?
③母语是否影响第二语言习得?
④第二语言的语用习得与母语习得是否相似?
⑤儿童在语用习得方面是否优于成人?
⑥语用习得是否有自然发展的道路,或习得顺序,或具体的阶段?
⑦不同的语言输入对第二语言的语用习得是否有不同的影响?
⑧课堂教学对第二语言的语用习得的作用如何?
⑨学习动机和态度对习得水平有何影响?
⑩个性特征对第二语言语用习得的作用如何?
⑪性别对第二语言语用习得的作用如何?

⑫ 第二语言的语用理解是否（一定）领先于表达？
⑬ 形式化的言语表达在第二语言的语用习得中是否有作用？
⑭ 语用能力从一个阶段发展到另一个阶段的驱动力是什么？

迄今为止，动态语际语语用学的研究发现对语用能力习得起着重要作用的因素有三个。

第一个因素是学生语言能力水平的高低。尽管语言水平不十分高的学生在表达其所需的言语行为时并不感到十分困难，但是要像母语使用者那样实现言语行为却十分困难。另外，如果第二语言学习者要想构造出像母语使用者一样的语篇，没有掌握相应的语言手段是不可能的。因此，在外语教学界对是否先培养语言能力再培养语用能力这一问题存在着两种观点：一种观点认为，应该先培养语言能力，然后再培养语用能力；另一种则认为，语言能力与语用能力的培养应该同时进行。

第二个因素是母语的语用迁移。研究发现第二语言使用者常常会把母语的说话规则迁移到第二语言的使用中去。这种迁移在第二语言使用者认为某种特定情景中会出现的言语事件中较明显。主要在以下几个方面存在：参与言语事件的方式、特定的言语行为及其实现方式、话题的提出和展开方式以及话语的调节方式等。迁移是个非常复杂的问题，涉及的因素非常多，如在第二语言习得的不同阶段，迁移的方式就可能不一样。另外，对语用迁移的研究，尤其是正迁移的研究还较少，目前我们还不能过分强调迁移在第二语言语用习得中的重要性。

第三个因素是第二语言学习者交际时的地位。外语学习者在交际过程中总觉得自己与交际对象的地位不相等，至少在与母语使用者的交际过程中是这样。正是由于这一原因，他们在交际过程中就很少有机会选择话题，也不会和别人抢话轮。这就限制了外语学习者实现言语行为的范围，减少了他们在真实语境中实现言语行为的机会。有的言语行为他们就很少有机会使用。尽管外语学习者在交际时的这种地位对他们的语用能力和语言能力习得的影响如何还不十分清楚，但有足够的材料证明在交际中外语学习者与其交际者的地位平等对他们的语用能力的发展更有利。

另外，应该指出的是第二语言习得的语际语语用学研究到目前为止主要集中在对口头交际的研究上，尤其是对言外之力的研究，而对书面语的关注较少。尽管我们对外语学习者如何习得在口语中实现像"请求""道歉""拒绝"这样的言语行为有所了解，但对他们如何习得在书面语中实现言语行为所知甚少。有研究表明在口语中实现像"请求""道歉"这样的言语行为的能力与在书面语中实现像"下定义"这样的言语行为的能力是不同的。要对非母语使用者的语际语有全面的了解，就应该对书面语也做深入的研究。

第三节　跨文化语用学研究中值得注意的问题

在日常生活中，人们常常会因为同一个概念在不同文化中的所指不同或对同一个概念有不同的理解而引起误解。这种误解的原因通常有两种：一种是同一个词或术语在不同文化中所指的范围不同，另一种是不同文化对同一词或术语有不同的理解或解释倾向。例如，"人权"在不同的文化中的理解倾向就不一样。对美国人来说"人权"指的是"政治权"，而对中国人来说"人权"指的是"生存权"和"发展权"。托马斯在说明解释倾向时以他自己的经历为例，他在法国的某旅馆前看到一则酒的广告，广告上写着：

Des plaisirs raffines a des prix incroyables!

该旅馆为英语国家的游客提供了以下译文：

Refined pleasures at an incredible price!

遗憾的是"incroyable"和"incredible"虽然语义相同，但在英、法两种语言中有不同的解释倾向，在法语中最可能的意思是"难以置信的低价格"，而在英语中指的是"难以置信的高价格"。这种情况不仅发生在不同国别的人之间，同一国家的人之间也同样可能发生。如以下是A（中国南方人）与一位北方人B之间的一段对话：

B：你中饭吃什么？

A：吃饭。

B：废话！我问你吃什么东西？

A：我不是已经告诉你吃饭了吗？

B：（不耐烦并生气地说）算了，不跟你说了。

以上交际失败的原因就是因为南方人与北方人对"饭"这一词的不同解释倾向。尽管无论在南方还是在北方"饭"的所指是相同的，它既可指"米饭"，也可指"每日定时吃的食物"，但在中国南方"饭"首先被当作"米饭"来理解，而在北方它却首先被理解为"每日定时吃的食物"。

在跨文化语用学研究中也常常发生类似的事。研究人员常常忽视对"礼貌""权力"和"距离"等这些重要概念下明确的定义。威尔兹彼卡注意到了这一现象，她在谈到"直接性"和"志趣相同"时指出：跨文化语用学的研究人员在想通过像"直接性"或"间接性""志趣相同"等语用价值设法解释人们不同的说话方式时，对这些概念指的是什么不做解释，好像它们都是不解自明的。但是如果我们把研究人员用的术语做一比较的话，就会发现他们指的并非一回事。

威尔兹彼卡发现跨文化研究中出现的一些互相矛盾的结论，例如，在研究日本社会文化的材料中，日本人的说话方式被认为比英语文化的人更间接，日本文化中说话避免或压制"自信"，而高度的自信是英语文化说话方式的特点。在研究黑人英语的社会文化的材料中，白人英语的说话方式被描述为"间接"而非"直接"，说话时避免"自信"等。经过研究她发现这些相互不一致的结论并非是黑人英语中的说话方式比白人英语直接，白人英语的说话方式比日语直接等这样一个程度问题，而是一个质的问题。其原因是像"自信"这样的概念在日语文化研究与英语文化研究中的所指不同。不同的研究人员指的是不同的概念。但这些术语在很大程度上是以英语文化为基础的，在其他语言中未必有与之完全对应的术语。

尽管有的研究者对这些术语做了解释，但他们的解释仍使读者迷惑不解，如以下布卢姆-库尔卡等人对权力的定义："权力我们指的是在一定的角色关系中说话者对听话者的权力。因此，当司机对乘客说话时，权力就高，而司机与司机说话时权力就相等。"这一定义之所以令人迷惑，原因有二：其一，它没有说明权力究竟指的是什么，是指支配权，还是指地位，还是两者都包括；其二，它用说话者高于听话者来解释权力，当司机对乘客说话时就是高权力情景，而当他对别的司机说话时就是权力相等的情景，那么，乘客对司机说话时是否就意味着低权利情景呢？如果是这样，那么，就难以理解了，因为布朗和列文森把高权力情景定义为听话者权力高于说话者的情景。

与之相关的另一个问题是同一概念用许多不同的术语来表达，如"权力""社会权力""地位""控制"和"权威"都用来指"平等—不平等"这同一个概念；而"距离""社会距离""志趣相同""亲近""相对亲密"都用来指说话双方关系"亲疏"这一概念。

除了以上问题外，要使跨文化语用学研究既有效度又有信度，首先要考虑的就是跨文化的可比性，也就是说，某一语用现象在两种文化中有多大的可比性。要对两种文化中的某一现象进行对比，这两种文化必须要有共性，而对比必须要有参照点，没有这些前提要进行对比是不可能的。许多研究人员想当然地认为不同文化背景的人，尤其是在做语际语用学调查时的调查对象，对相同或相似语境中的语境因素的解释是相同的。但事实上并非如此。因此，如果是进行语用调查，首先要弄清受调查者对一些情景因素的看法是否一致。只有在对这些情景因素的解释基本一致的情况下，研究结果才可信。影响人们选择语言形式的因素很多，包括话题、情景语境、会话双方的关系等。

第四节　跨文化语用学研究的趋势

大多早期跨文化语用学研究，尤其是实证研究的重点都是在不同语境中言语行为的实现上。其目的主要有三个：①找出不同文化的人在不同语境中实现言语行为的常规方法；②与这些常规方法有关的礼貌形式及级别；③与情景特征有关的言语行为实现模式的变化。大多数研究都是在话语层次上进行的，语料的收集也大多采用像"话语完型"这样的引发法。这些研究的主要问题是它们忽略了交际的动态性、意义的可磋商性和言语行为的多功能性。在现实生活中，某一言语行为可能同时涉及多种功能，其言外之力会随情景的不同而发生变化。言语行为还常常在交际的不同阶段起不同的作用，对言语行为的解释也会因言语事件的不同而变化。研究者现已认识到要从相互作用的角度来研究礼貌、言语行为等这些语用现象。也有人把言语行为看作言语交际或言语事件的一部分。因此，近年来跨文化语用研究出现了以下趋势。

第一，从对单个的话语的研究转向对会话整体的研究；更加注重对话语的多功能性和语境中的话语目的的解释；从相互作用的角度来研究礼貌、言语行为等这些语用现象。

第二，对礼貌现象的实证研究也已从言语行为的实现和孤立话语的礼貌级别的研究转向在话语群中用于表达言语行为的结构、语义和语用方法的描述；转向不同文化中会话情景的框架以及话语的组织对礼貌行为影响的研究。

第三，语际语语用学研究的趋势与上述趋势大同小异。除此之外，语际语语用学研究似乎已开始注意语际语的语用特征的形成和发展问题。

另外，根据以上趋势，跨文化语用学的研究方法也有做相应改变的趋势。首先，语料更倾向于用自然语境中的话语来代替用引发法收集的语料。其次，尽管在第二语言习得方面的研究有采用定量研究方法的趋势，然而，在语用研究中情况并非如此，语用现象要比词汇、句法现象难预测得多。因此，它既无法用严格的规则或条件来解释，也无法依靠严格的假设来解释，语用研究的趋势似乎更倾向于定性研究，倾向于使用更广泛的话语分析或人类文化学的方法。但这并不意味着定量研究在语用研究中就毫无用处。事实上，要使定性研究更有效，定量研究的方法常常是需要的。应该注意的是定性研究中使用定量方法能给研究的现象提供基本的信息。这种信息既可用作背景也可作为一种参照点，但它必须要对研究的现象进行定量分析。近年来，定性和定量研究的界限日趋模糊，但是，正如笔者所说的，研究者应该采用能够收集到他们所需信息的方法。

第七章 礼貌的语用研究

第一节 会话的礼貌原则

一、礼貌原则和合作原则之间的关系

合作原则是会话的一条重要的指导原则但不是唯一的原则。格赖斯还提到了礼貌原则、美学原则、社会原则等，只是他没有逐条阐述这些原则。在这几条原则中，最引人注意的是礼貌原则。礼貌是人类文明的标志，是人类社会活动的一条重要准绳。作为一种社会活动，语言活动也同样受到这条准绳的约束。有些语义学家认为，人类社会的一切冲突和争斗，包括政治上的分歧和争端都是由于语言使用不当导致误解而引起的。这种说法虽然过于偏激和极端，但并不全然无理。在现实生活中，由于语言不当，甚至语言粗鲁而引起的不必要的误会、摩擦，导致人际关系紧张的例子是不少见的。这足以说明礼貌在语言使用中的重要性。利奇将语用原则分成"人际修辞"和"篇章修辞"两大类，他的"修辞"指的是交际中有效地运用语言，它由交际双方所遵守的原则和准则组成，准则是原则所包含的较具体的范畴。合作原则和礼貌原则属于人际修辞的范畴。合作原则解释了话语的字面意义和它的实际意义之间的关系，解释会话含义是怎样产生和理解的，但它却没有解释人们为什么要违反会话准则以含蓄地、间接地表达自己。虽然不能说人们违反会话准则产生会话含义都是出于礼貌的需要，但在不少情况下，人们这样做的确是出于礼貌的考虑。

会话的合作原则在会话中起着调节说话人说话内容的作用，它使说话人在假设对方乐于合作的前提下进行交际。但礼貌原则具有更高一层的调节作用，它维护了交谈双方的均等地位和他们之间的友好关系。只有在这个大前提下，人们才可能进行交际。如果没有礼貌这个大前提，根本就谈不上正常的、有效的交际。为了维护礼貌原则，人们甚至可以牺牲合作原则下的准则。比如，说一个不会带来任何不良后果的谎来谢绝别人的邀请，总要比直接地回绝对方显得礼貌些，尽管你说了谎，而且对方也知道你在说谎。再如"反语"，人们使用反语，一般说来，也是出于礼貌。人们用反语来表达的常常是一些令人不快的事，例如说某人不够朋友、指责某人把事情办糟了等，也就是说说话人难以避免地会得罪别人、伤害别人的感情、引起别人的不快，反语的使用使得听话人可以间接地领会到说话人通过

含蓄的方式所实施的冒犯之处。反语虽然仍属尖刻之语，但不失为说话人为了维护礼貌原则而牺牲质量准则的一个重要例证。

但在有些情况下，人们对合作原则的考虑高于对礼貌原则的考虑，这是在一些交际的双方把信息的交流看作高于一切的合作性的活动中。在这类活动中，人们首先关心的是信息，是如何毫不含糊地以最快的速度把信息传递给对方，为此目的，参与者总是最大限度地遵循各项会话准则，对礼貌的考虑让位于对合作原则的考虑。

综上所述，合作原则和礼貌原则之间存在着一种进退相让的关系，要多考虑一点合作原则，便只能少考虑一点礼貌原则；反之，要多考虑礼貌，便不得不牺牲合作原则。这就是为什么语言越直接，就越容易显得唐突，语言越间接，一般来说就越显得婉转。

二、礼貌和言外功能

不同的交际目的对礼貌有不同程度的要求，有的交际功能对礼貌的要求高些，有的则可低些。根据语言的言外功能和在言语活动中维持良好的人际关系这一社会目标之间的相互关系，利奇把言外行为分为四大类：①竞争类；②和谐类；③合作类；④冲突类。

竞争类指的是语言的言外功能与社会目标相互竞争的那一类言外行为，诸如"命令""请求""要求""乞求"等。这类行为本质上就是"不礼貌的"或"失礼的"，因为，不论以什么样的口吻去说话，说话人都是想让听话人按照他的意志去做某一件事。说话人想要达到的目的和礼貌的要求之间的关系是不协调的。正因为这样，说话人更要注意礼貌地使用语言以减少他的首要言外行为的非礼性。

和谐类的言外行为指的是在语言活动中，听话的一方是受益者的那一类言外行为，如"提供""邀请""祝贺""致意""致谢"等。在这些言外行为中，言外功能和礼貌是一致的，它们之间的关系是和谐的。这一类言外行为本质上是礼貌的，很难想象"不礼貌地邀请"或"不礼貌地感谢"之类的情况。

合作类的言外行为前面已有所提及，它指的是以交换信息为主要目的的那一类言语活动，如"声言""报告""宣布""传授"等。交际双方所关心的是信息本身，是如何最有效、最迅速、最大限度地传递信息，因此，这类行为要求交际双方高度地合作，最大限度地遵循合作原则。这类言外行为并不过多牵涉礼貌问题。利奇认为对于这类言外行为来说，礼貌是无关紧要的。

冲突类的言外行为指的是言外功能与社会功能互相冲突的那些言外行为，如"威胁""指责""诅咒""责骂"等。这一类言外行为本质上是不礼貌的，利奇认为在实施这类言外行为时，根本没有礼貌可言。不过，似乎也不能说得太绝对，固然不可能礼貌地威胁或诅咒，但至少礼貌地指责还是可能的。

第二节 礼貌原则的局限和新构想的提出

一、礼貌原则的局限和不足

利奇的"礼貌原则"无疑是对语用研究的一种贡献,但本身也有一些局限和不足。

利奇的礼貌原则的最大不足,是对礼貌的得体性没有予以充分的考虑。他认为有些言语行为(如命令)具有内在的不礼貌性,有些(如提供)具有内在的礼貌性。"内在的礼貌性"和"内在的不礼貌性"就暗示了有些言语行为本质上是礼貌的或不礼貌的,这就忽视了在一定的情景中可能决定礼貌程度的语境因素,忽视了礼貌的得体性。考虑言语行为的礼貌问题时,似不应忽视说话人相对于听话人的社会地位及身份、言语行为本身所具有的难易程度等因素。如果请你的上司为你保留一个职位时说"You would be doing me a great favour if you could keep that job for me."是合乎礼仪的、得体的说法,那么,请你的同事把报纸递给你,也套用这种最礼貌的形式"You would be doing me a great favour if you could pass me the newspaper."却给人以过分礼貌、矫揉造作之感,绝非是得体的语言。这是因为 keep the job 和 pass the newspaper 这两个动作在难易程度上有极大的差别,对说话人来说,因为这两个动作而受惠的程度也有很大的差别。因此,适用于一种情况的最礼貌的形式在另一种情况下就显得过分了。同样,赞扬别人的烹饪手艺,也不见得总是以说"You are the best cook I've ever known"这种最礼貌的话为最适宜的,也要看对方究竟是什么人,在什么样的场合,为你烧了什么样的菜,菜的实际质量又怎样,等等。因此,在讨论语言的礼貌性时,我们不要忘了语言的得体性。礼貌地使用语言是得体地使用语言的一个因素。得体的语言是受社会因素制约的,因此,语言的礼貌程度也同样受到社会因素的制约。对某一场合来说是得体的语言,换了另一种场合便未必得体;同样,对一定的场合来说,有适合于这种场合的最礼貌的形式,换了一种场合,这种形式就会显得过分礼貌或者不够礼貌了。使用过分礼貌或不够礼貌的形式都会使语言显得不得体,可能会因此产生另一种会话含义。比如,我们想请一个熟悉的同班同学把门关上,一般来说,"Please close the door." "Will you close the door?"在这种场合是足够礼貌的,也是十分得体的说法。如果我们说"Could you close the door?" "Would it be possible for you to close the door?"这种过分礼貌的话,或者"How many times do I have to tell you to close the door?"这种不够礼貌的话,这或是因为说话人的交际能力较差,不善于选择得体的语言,或是因为说话人想通过违反礼貌准则而表现出"疏远""不耐烦"这样的社会意义。因此,利奇的这些礼貌准则是相对的,是受一系列社会因素制约的,这些社会因素决定了在特定的场合下什么是"最礼貌"的形式。

二、礼貌原则的新构想

利奇在陈述礼貌原则的准则时用了"最大""最小""尽力缩小""尽力夸大"这样一些提法,显然是比较极端的。如前所述,"最大""最小"等的说法未必是最礼貌的。徐盛桓指责利奇的这种提法过于绝对化,也过于理想化。他提出了礼貌原则的新构想,包括促进各方的关系和为此采取的礼貌策略两大方面。促进各方的关系包括注意自身一方、尊重对方和考虑第三方;礼貌策略包括积极和消极两方面。简述如下:

(一)促进各方关系

1. 注意自身一方

第一,说适合自己身份地位的话,不说不适合自己身份地位的话;

第二,说话通常倾向于较为谦逊。

2. 尊重对方

第一,说适合对方身份地位的话,不说不适合对方身份地位的话;

第二,对于对方,话语通常倾向于较为尊重或客气。尊重客气的程度分为以下三种情况。

①同对方尊长或同他们跟自己疏远的程度成正比;

②同对方付出代价的程度成正比;

③同对方要求他人付出代价的程度成正比。

3. 考虑第三方

充分注意到交际时在场的第三方,不说影响到他们的身份地位的话,如果有需要,可以说适合他们身份地位的话。

(二)运用礼貌策略

第一,积极策略:说适度谦让、尊重或客气的话。

第二,消极策略:说适度中和的话。

我们可以看出,徐氏的礼貌原则新构想,基本上是对利奇的礼貌原则的修正,以"通常倾向于"等字眼来替代"最大""最小""尽力缩小""尽力夸大"等字眼,对礼貌的得体性有所考虑,显得较为中肯而实际。

第三节 会话的礼貌策略

一、礼貌和社会因素

（一）面子和理性

"礼貌"本身是日常生活行为中具有道德或伦理意义的一项行为准则，包括人们为维护和谐的人际关系所做出的种种努力。但是，礼貌这一概念一旦进入语用研究的领域，就有其独特的理论内涵。利奇对礼貌的界定比较模糊，相比之下，布朗和列文森所提出的礼貌策略似乎清楚些。在他们看来，礼貌就是"典型人"（Model Person，MP）为满足面子需求所采取的各种理性行为。他们的礼貌概念本质上是策略性的，即通过采取某种语言策略达到给交际各方都留点面子的目的。因此，布朗和列文森的礼貌理论通常称之为"面子保全论"（Face-saving Theory，FST）。

"面子保全论"首先设定，参加交际活动的人都是典型人。典型人是"一个具有面子需求的理性人"，通俗些说就是社会集团中具有正常交际能力的人。这种典型人具有两种特殊的品质：面子（face）和理性（rationality）。典型人所具有的"面子"即是每一个社会成员意欲为自己挣得的那种在公众中的"个人形象"（the public self-image），它分为消极面子（negative face）和积极面子（positive face）两类。消极面子是指不希望别人强加于自己，自己的行为不受别人的干涉、阻碍。积极面子是指希望得到别人的赞同、喜爱。典型人所具有的"理性"，不仅指交际双方能运用一定的模式进行实际推理的能力，而且还包括从交际的目标出发，确定达到这些目标所应运用的最佳手段的能力。只有具有面子和理性的典型人，才能使正常的交际得以顺利进行。

（二）面子威胁行为

布朗和列文森认为，许多目语行为本质上是威胁面子的，讲究礼貌就是要减轻某些交际行为给面子带来的威胁。社会交往中既要尊重对方的积极面子，又要照顾到对方的消极面子，这样才能给对方留点面子，同时也给自己挣点面子，以免带来难堪的局面或使关系恶化。言语交际中的礼貌策略只是一种手段，使用礼貌策略这一手段是为了更好地达到交际目的，满足人们的面子需求。面子是典型人的基本需求，所有典型人既有积极面子的需求，又有消极面子的需求，他们都有理性，都能选择一定的手段来满足一定的面子需求。

但是，布朗和列文森认为，有些言语行为具有固有的威胁面子的性质。也就是说，有些言语行为本质上与说话人或听话人的面子需求背道而驰，它们既可以威胁积极面子，也可以威胁消极面子；既可以威胁说话人的面子，也可以威胁听话人的面子。

1. 威胁听话人面子需求的言语行为

威胁听话人消极面子需求的言语行为是指说话人表明他无意避免干涉听话人行动自由的那些言语行为，主要包括：

①言及听话人某些将来的动作，并因此使其感到不得不去做这一动作，或使之无法避免去做这一动作的言语行为，如命令、请求、提醒、建议、劝告、威胁和警告等。

②言及说话人针对听话人的一个未来的动作，并因此使听话人感到不得不接受或难以拒绝这一动作，并可能使之产生负债感的言语行为，如提供、许诺等。

③言及说话人对听话人所具所有某种希冀，使听话人有理由认为或是应该采取行动保护说话人所希冀之物，或是将它送给说话人的言语行为，如赞誉、妒忌或羡慕；表达对听话人强烈的（负面）情绪表达（如憎恨、发怒）等。

威胁听话人积极面子需求的言语行为是指说话人表明他不关心听话人的感情、需求等，在某些重要方面视听话人的需求于不顾的那些言语行为，主要包括：

①对听话人的积极面子的某一方面做出负面评价的言语行为，如表示不赞同、批评、蔑视、取笑、抱怨、指责、非难、侮辱、挑战、反驳等。

②那些表现出说话人不在乎、不关心听话人积极面子的言语行为，包括表达（无法控制的）强烈感情；提及禁忌话题；给听话人带来坏消息，或说话人自夸的好消息；提出威胁感情或有分歧、有争议的话题；首次会面中唐突地使用称呼语，冒犯了听话人或使其感到难堪等。

2. 威胁说话人面子需求的言语行为

威胁说话人消极面子的言语行为主要有表示感谢，接受听话人的感谢或道歉，请求原谅，接受提供，对听话人过失的反应，不是出于本人意愿的许诺和提供等。威胁说话人积极面子的言语行为主要有道歉、接受赞誉、自相矛盾、忏悔、承认有罪或有错等。

二、礼貌的补救策略

布朗和列文森认为，言语行为本质上是威胁面子的，所以，每一个典型人都会寻求一定的方式去避免这些面子威胁行为，或采取某些策略去减轻言语行为的威胁程度。他要考虑三种需求：①要向听话人传递信息的交际需求；②要有效地或紧急地交际的需求；③要在某种程度上维护听话人面子的需求。如果第二种需求不特别明显，说话人就会尽力减轻面子威胁行为的威胁程度。也就是说，礼貌是为最大限度地维护听话人和说话人的面子所做的努力，因此他们称礼貌为"补救策略"，这些补救策略表明：说话人没有威胁听话人面子的意图，或试图减弱这种对面子的威胁。

布朗和列文森提出四种补救策略，依次为：①不使用补救策略、赤裸裸地公开施行面子威胁行为；②积极礼貌策略；③消极礼貌策略；④非公开地施行面子威胁行为。下面分别予以简要的介绍。

（一）不使用补救策略、赤裸裸地公开施行面子威胁行为

"不使用补救策略、赤裸裸地公开施行面子威胁行为"，就是尽可能直接地、清楚明了地向听话人表明自己的意图。一般说来，说话人以这种最直截了当的方式来施行面子威胁行为的策略，是不担心听话人可能的报复。在下列情况中，说话人可以用这种策略来施行面子威胁行为。

①情况紧急，或交际效率占据首位，面子需求退居次要地位；

②对听话人的面子威胁相当小，或可能没有威胁，如提供、建议等显然有利于听话人的言语行为。

③说话人的权势显然高于听话人，或说话人能赢得第三者的支持，诋毁听话人面子的同时不必担心丢自己的面子。

例如：

① "抓小偷啊！抓小偷。"

②去睡了罢，不要难为身子。

③父亲（对儿子说）："你给我把门关上！"

④ Don't touch that. It's dangerous.

⑤ Watch out!

⑥ Listen, I've got an idea.

⑦ Come home right now!

⑧ Come in, don't hesitate, I am not busy.

⑨ Don't worry about me.

（二）积极礼貌策略

积极礼貌策略和消极礼貌策略，都使用了补救的策略。使用补救策略的言语行为就是通过给予听话人"面子"，来减轻对听话人可能的面子损伤。积极礼貌策略就是满足听话人的积极面子需求，使听话人所要求的个人形象与说话人在言语行为中体现的听话人的个人形象达到一致。因此，积极礼貌是以"接近为基础的"（approach-based）。说话人表明自己与听话人之间有某些共同之处，以满足听话人的积极面子需求。说话人使用积极礼貌的策略，通常是诉诸友谊或伙伴关系，但这一策略，容易遭到拒绝，因此，通常采用"套近乎"的谈话方式。布朗和列文森提出了十五个积极礼貌的策略，包括寻求一致、避免不和、假设有共同点、表示伙伴关系、提高听话人的兴趣、注意听话人的需要和夸张自己对听话人的兴趣、赞同、同情等。

（三）消极礼貌策略

消极礼貌策略主要是说话人意欲部分地满足听话人的消极面子，基本需求是要维护听话人的私人领域和自我决策的权利，因此，它不同于积极礼貌策略，主要是以"回避为基

础的"（avoidance-based）。说话人通过承认并尊敬对方的消极面子的需要，不干预听话人的行动自由来满足对方的消极面子需求。其主要特征是谦让，回避出风头，自制而不夸夸其谈，其注意力放在听话人的个人形象上，集中于听话人不受干预的需求。消极礼貌策略的典型形式是含有情态动词的问句。这一策略在形式上通常比较复杂，表达的语义比较模糊，语气比较委婉，这说明说话人是为了照顾听话人的面子，而不仅仅是有效地传达信息。布朗和列文森提出十种消极礼貌的策略，包括说话迂回、模棱两可、尊重对方、避免突出个人、表示悲观、道歉、减小对对方的强加等。

（四）非公开地施行面子威胁行为

非公开的礼貌策略是属于补救程度较强的策略，布朗和列文森视之为减少面子威胁策略中最为礼貌的策略，因为采用这一策略对面子的威胁最为间接，说话人采用此策略可以得到的一个好处是，对于自己，可以避免对听话人存在潜在的面子损伤之嫌，会得到说话有策略之赞誉。因为说话人的言语行为比较模糊，使得听话人有可能从另一个角度对之加以理解，这样，说话人对特定的意图就不会有责任。对于听话人，既可以躲避潜在的面子威胁，又可以给他以表现关心他人的机会。如说话人说了"It's hot here."，听话人如理解了说话人的意思，就可以说"Oh, I'll open the window then."，这样，听话人可以得到慷慨、关心他人、考虑周到等赞誉，而于说话人则可以免去乱提要求而威胁听话人的面子之嫌。布朗和列文森也提出了十五种非公开的礼貌策略，包括暗示、夸张、暗喻、模糊、反语、低调陈述、修辞设问、同义反复等。

第四节　礼貌和文化价值

布朗、列文森以及利奇都认为，他们的礼貌理论具有普遍性，这是他们受到指责的众多原因之一。

布朗和列文森认为，面子问题虽然是一种普遍的现象，但在某一特定社会中必须深入到文化的深层去理解。他们的"普遍性"只是指：

①区分为积极和消极的两种面子，具有普遍性；

②以满足对方的面子需求的理性行为，具有潜在的普遍性；

③具有面子需求的、能实施理性行为的言语交际者之间的相互知识，具有普遍性。

利奇也认为，在不同文化中，礼貌原则中的各项准则，其重要性是不尽相同的。他指出："东方有些文化社团（如中国和日本）比起西方国家有更重视谦虚准则的倾向；操英语的文化社团（尤其是英国）更重视策略准则和反语准则；地中海国家更重视慷慨准则，而不大重视谦虚准则。"经过对比研究之后，他得出结论，礼貌原则是具有普遍性质的，但礼貌原则下的各准则，其重要性会因文化、社会、语言环境的不同而有所不同。

因此，在承认礼貌的普遍性的同时，我们还必须认识到礼貌的相对性。也就是说，在不同的文化中表示礼貌的方式方法，以及人们用以判断礼貌的标准具有差异性。这种差异性是和在不同文化中礼貌的不同起源，以及长期历史过程中受社会、历史、地理等一系列文化因素影响而形成的文化价值分不开的，因此，探讨礼貌问题时，我们必须考虑礼貌的文化特征。

礼貌是一种可以观察到的社会现象，一种为达到一定目标的手段，一种约定俗成的行为规范。礼貌的语言和礼貌的行为只是表层的现象，是特定文化价值在语言中的折射，只有深入到文化的深层中去，才能透过这种表象，挖掘出其真正特征，才能成功地解释其本质特征。

礼貌是不同文化背景的人都必须遵守和维护的准则。讲究礼貌是人类社会的文明标志，但不同文化背景的社会具有不同的礼貌规范。比如，在所有文化中，谦虚都被看作礼貌的表现，利奇的礼貌原则也包含了谦虚准则，但不同文化背景的人在遵循这条准则时存在程度上的差异。最明显的例子莫过于东方人（中国人、日本人）和英美人对"谦虚"的不同态度。当人们受到赞扬时，讲英语的人一般都说"Thank you."以表示接受，他们认为，欣然接受对方的赞扬可以避免损害对方的积极面子，因而是礼貌的。而讲汉语的人一般竭力贬低自己，否定赞语的真实性，以示谦虚。中国主人虽然准备了丰盛的饭菜请别人吃饭，但仍然会说"没什么菜招待""不会烧菜"之类的客套话，真正把对自身的贬损夸大到了最大程度，以此来表示礼貌，因此，中国人是十分严格地遵守谦虚准则的。这是因为"自卑而尊人"是汉文化中礼貌的核心成分。

隐私在所有的文化中都被认为是重要的，但是，隐私在英语文化中比在汉语文化中受到重视的程度明显要大得多。汉语文化中被认为是礼貌的行为在英语文化中可能是侵犯了一个人的隐私。在中国人看来，对他人表示关心和热情是礼貌的行为，甚至初次见面也会相互询问对方的年龄、婚姻状况、子女情况、职业、收入等。他们认为，相互询问一些情况可以缩短彼此之间的社会距离。

顾曰国回顾了礼貌这个概念在汉文化中的历史起源，并根据汉文化中的德、言、行的礼貌要求，对利奇的策略准则和慷慨准则进行了修订，同时提出了不同于西方学者的礼貌准则。他认为，礼貌在汉文化中有四个基本要素：尊敬他人、谦虚、态度热情和温文尔雅。尊敬他人指的是对他人的肯定、欣赏、顾及他人的面子、社会地位等；谦虚是贬己的另一种说法；态度热情指对对方的关心、热情；而温文尔雅指自己对他人的言行要符合某种标准。

顾提出的礼貌第一要素——尊重他人，大致相当于维护说话人积极面子的愿望。第四要素——温文尔雅，则体现了礼貌的标准性特征，这在各种文化中都是共同的，但迄今为止西方学者似乎未对此进行描述。第二要素——谦虚，其重要性虽然在不同的文化中不尽相同，但在很大程度上也具有普遍性，将谦虚解释为贬己则是中国的特色。第三要素——态度热情，则明显具有中国特点。

顾对礼貌的这一描述，兼顾了不同文化中礼貌的共同特点和汉文化中的个体特征，似乎更符合中国的实际情况。

总而言之，礼貌虽然是一种普遍的社会现象，但它又具有文化特征，不同文化对礼貌行为有不同的要求，不同文化赋予礼貌不同的内涵。要解释礼貌的文化特征，我们就需要探讨文化价值观。

第八章 语用教学与语用能力培养

　　语用习得就是语用能力的习得，语用能力的习得可以通过教学进行。因为语用能力的综合性，这种教学不能是单一的，而应该通过多种途径培养学习者的语用能力。

第一节 语用习得特征及影响因素

　　目前第二语言习得中的语用问题日益受到研究者的关注，许多中外研究者将第二语言学习中语用习得问题作为研究的焦点加以探讨，最后通过各种考察与研究达成的共识是：语用知识是应该教的，而且是可教的。那么如何教呢？这正是第二语言教学者应该思考的问题。因此，这里着重探讨在对外汉语教学中如何进行语用习得教学，使对外汉语的课堂教学成为促进外国汉语学习者语用能力发展的有效手段。

一、学习者的语用习得特征

（一）不同级别留学生语用习得所表现出来的共同特点

1. 留学生的总体语用水平并不太高

从总体来看，留学生的语用水平并不太高，表明语用习得是留学生的薄弱环节。

2. 随着语言水平的提高，语用能力也相应有所提高

每个调查都有数据显示，随着语言水平的提高，学生的语用能力也相应有所提高。

3. 留学生语法的语用习得水平和语法能力有关

比如，语法的语用失误率普遍较高，表明留学生语法的语用习得水平较低。在留学生汉语语法学习中结构越复杂，困难度越高，如母语与汉语无相对应结构的"把"字句和"了"的使用。语义越复杂，语法点的困难度越高，比如趋向动词的用法。跨语言差距越大，困难度越高，如结构上的"被"字句，语义上的兼语句、存现句。越不易类化者，困难度越高，而更为困难的是语用功能越强，困难度越高。在汉语中很多句子具有语用含义，这正是造成留学生学习语法困难的原因。目前的语法教学中，常常从语言知识的角度讲授语法，这往往会脱离社会文化语境，而且这种以语言形式为主的语法教学很难有效地引导学生在目的语文化中理解和利用语法达到交际的目的。

4. 各个项目的语用习得各自有着相应的特征表现

比如语音的语用习得上，在韵律特征方面各个国家的学生习得差异并不大；在词汇、语法的习得方面与学习者的语言水平、语法能力更相关；在社会语用失误方面，虽然仍然是语言文化的负迁移，但原因复杂，文化负迁移造成的语用失误并不总表现在同一个层面上，如会受文化依附的矛盾。

5. 语用习得受到文化的巨大影响

比如很多非汉语文化圈的学生，在各项语用习得调查中均显示出习得效果比汉语文化圈的学生差，实际上很多学生早已认识到中西文化差异，到中国以后已经有意识地调整自己的语用策略了。尽管如此，这些学生就是在高级班学习，对此的正确率也不及汉文化圈中的学生，这也说明在语用习得方面文化有着巨大的制约作用。在各项调查中，他们最大的失误往往表现在涉及文化蕴含的题目上。

6. 语言水平的发展与语用能力的发展很不平衡

比如在社会语用能力调查中，各班学生的语言水平相差巨大，但语用能力相差不大，说明语言水平的发展和语用能力的发展并非完全成正比。由此可以证明语言水平的发展与语用能力的发展很不平衡。例如，我们并没有看到汉语语言水平考试级别高的留学生语用能力便很高。

（二）学习者语用习得的发展特点

①随着语言水平的提高，各方面的语用水平也得到相应的提高。在各项目调查的总趋势中是随着语言水平的提高，各方面的失误率在逐层递减，呈现出同语言水平提高的正比关系。

②和文化相关的语用习得，随着学习汉语的时间加长，学习汉语的内容深入，学习汉语的水平提高，使用目的语表达与理解越来越趋于得体，习得效果越来越好。比如会话含义的理解对初级班来说是极大的难点，而对高级班来说已有不少同学能用汉语的思维去理解言外之意。

（三）语用习得的大致顺序

在第二语言的语用习得中的顺序与形态句法相比，可以说没有一定的顺序。在这个问题上众多语言学家有截然相反的回答。基本上可以把它们分成两派：一派认为学习者首先学习语言形式，然后学习如何正确使用这些语言形式；另一派认为人们首先学习如何交际，然后在交际的过程中习得语言形式。也有人认为这两种可能都存在，但是对在课堂里学习的学生而言，他们很可能是先习得语言的形式，然后习得语言的功能。就目前来看，由于缺乏大型试验研究，语用能力的习得顺序到底是什么还鲜为人知。所以就本次习得调查来看，笔者也只是大致地推断出一个语用习得的顺序。语用习得顺序构拟，如下所示。

①从语言的不同学习阶段上看：在初级阶段，学生最先习得还未经消化的日常交际惯

用语，能够了解问答句内容，但不一定知道其应该用在哪种语境之中。在中级阶段，学生们大致能够在不同的语境中分析、选用这些套语。到了高级阶段学习者已经朝着使用间接委婉的语用策略方向发展。

②从语用的内容上看：首先习得简单的不是非常依赖特殊语境的惯用语和套语，如甲："对不起。"乙："没关系。"其次习得和自己母语文化相近的一些语用形式，只是对母语适当微调便能符合目的语要求，如婉拒别人的邀请。再次习得目的语才具有的独特言语行为，如中国人贬己尊人的礼貌策略。最后习得蕴含着目的语文化内涵的间接委婉的语用策略。这需要具备综合的能力。

③从学习策略上来看：初级阶段基本依赖母语知识来理解与表达；中级阶段有可能把母语的经验和其他的语言经验同新的语境结合起来理解与表达；高级阶段则可能用目的语思维来理解与表达。

学习者的语用习得还面临着许多困难，简言之，表现在语用表达方面的最主要困难是：想说说不出；说出不知对不对；语言使用得体不得体，会不会让人见笑；在目的语国家学习，交际压力比较大，如果遇到生活中的复杂情况，自己的语言表达是否能和别人沟通，他们常常对此有焦虑感。还有汉语学习者经过一段时间的学习以后，都会产生一些疑问，因为他们在和真正的汉语母语使用者接触时发现，中国人说的话和他们学的常常不一样，比如在实际的运用中，因语境不同，为了表达的需要常常会对句法成分的顺序进行调整；比如当代年轻人的很多言语行为带着西方文化的痕迹；这些都让学习者感到习得困难。从功能主义的角度看，语言中任何超常规的变异现象都有其特定的语用价值，而体会这些语用价值因素并运用到交际中是留学生学习中极大的难点。从语际语用学角度看，实施第二语言的言语行为总会受到语用迁移的影响而影响习得效果，这也是中介语的一种发展中的表现。

表现在语用理解方面最主要的困难是：由于汉语词汇的感情色彩和语体风格特征等附加意义中积淀着汉民族的生活经验、文化传统、思维方法和语用习惯诸因素，所以在理解的时候常常发生失误。比如汉语的语法类别及语法功能多变，有时很难用母语的语法经验达到理解目的；在汉语语音输入中句子的语调、语气、停顿、延长等各种声音表义成分很多，再加上同音字词及四声的干扰都增大了理解的复杂性。这给留学生的交际带来压力，听不懂便说不出，甚至造成交际上的误解。

二、语用习得的影响因素

在第二语言习得中，越来越多的研究者开始关注语用的习得，并且产生了一门新的理论——语际语用学，即"从语用学的角度探讨学生语际语言中的语用现象和特征以及这些现象和特征形成和发展的规律"。这是将语用学和二语习得结合起来的跨学科理论，目的就是要对学习者使用语际语言在不同语境中进行理解和表达做出更深入的研究。从这一理论出发，本研究对影响留学生语用习得的因素进行分析，从而进一步探讨进行语用习得的有效途径。

我们可以从以下几个方面分析语用习得影响因素，从而更富有针对性地进行语用教学。

（一）学习者主观因素和客观环境因素

留学生作为语言学习者，其语言的理解与表达主要在课堂上获得。人的理解首先要建立在语音感知的基础上，这是理解言语的物质基础，然后进行词的分辨、句子的认识、话语的理解等，这都是在虚拟的课堂语言环境中进行的，所以它不具备真实语境中的复杂性、变化性和丰富性。在目的语国家学习第二语言的学习者之便利是除了听到课堂上的规范语言，还有生活中的自然语言，但真实话语的各种复杂程度常常是出乎听者预料的。在真实的言语交际中，不仅规范的语音发生了各种变化，还由于语流的感知保存在短时记忆中，转瞬即逝，这就要求听者边听、边做语法分析、边建立语义关联，哪个环节出错都会影响理解效果。这时候的理解还会受到生理与心理、文化水平及经验背景、主观态度和客观语境等各方面的影响。在交际的压力下学习者往往更关注语言内命题意义而忽略语言外语用意义，如礼貌、得体等。从语言表达来看，来中国学习汉语的学习者虽然可以直接进入目的语社会环境进行表达，但是还存在着个体差异，比如性格、动机、态度、交际策略、共享知识、目的语文化认同与依附等都会影响到他的表达。如有的学生不喜欢以否定的方式来回应恭维，不习惯用关切的方式和人道别与问候，这并不是他语言表达的语用失误，而是受他的主观影响。再比如在教学实践中发现，语言学习交际性动机强烈的人，由于语用习得的机会增加，而使其语用能力超过语言学习工具性动机的人。在目的语国家学习的语言者，并不像人们所想象的那样，都可以很快习得语用，所以有的研究者认为，目的语环境本身并不能减少语用的"顽固性"，即从母语那习得的语用习惯。

（二）母语语用迁移因素

目的语的理解和使用会受到学习者母语语用知识的影响，跨文化语用理论的研究证明了这一点，如托马斯等学者都认为在目的语的语用习得中会发生母语的语用迁移，特别是产生语用失误的负迁移。因为留学生在判别社会因素的时候总以母语的社会价值观和文化观为标准，在表达的时候常用母语语用习惯推测该说什么，这种习惯是他在自己长期所处的社会环境中不知不觉储存在大脑里的。使用者有时即使失误也习焉不察，例如，留学生喜欢用"谢谢"回应恭维，常常是和中国人对比后才意识到语用的不同。

话语理解同样会受到语用迁移的影响，汉语与留学生母语的语言系统不同，留学生往往是在母语认知基础上对新的信息加以整合处理，把母语里已经建立在大脑中又不能对应的部分加以修改和重构，以适应汉语学习，这个时候往往发生迁移。听的时候容易受到母语经验的干扰而影响语用理解，特别是得到信息后还要通过推理才能理解，而这种推理是建立在母语培养的思维结构和文化观念上面的，负迁移也就很容易发生了。比如汉语话语的会话含义常成为留学生语用理解的障碍，就是他们或者只看字面意义或者由于与自己的母语经验关联来理解而产生失误，比如对"龙"的意象把握不同，他就不能明白中国人为什么常说"望子成龙"。

（三）学习者的认知因素

认知心理学认为可将语言输入区分为被注意的语言输入和被理解的语言输入。该理论认为初级阶段应该是被注意的语言输入。但事实是这些输入未必都能让学习者理解，然后被学习者吸收，并建立在自我认知图式里面。这就要求学习者重新整合输入的内容，在整合过程中，学习者会调动以往的经验来解码和编码，生活经验不同，解码和编码就不同，这种认知模式的不同常常违背操目的语者的"理想认知模式"，于是出现了语用失误。在表达时也一样，首先是从思想代码到语音代码的转换，说话者运用语言知识将其思维的内容进行编码，使之转化成具有句法和语音结构的言语信息；这种言语信息的内容来自说话者的心理情感、经验认知，比如西方人认为"狗"是忠实的朋友，但汉语中的"狗"族词都是贬义的，所以留学生用"狗"来比喻人的时候就会出现由于认知偏差而导致的语用失误。

（四）学习策略因素

在语用习得中，表达是一个主动的过程，说话人的言语策略可根据需要进行调整、重复、强调，本着自愿合作的原则进行下去。据观察，留学生在言语交际中受主客观因素影响，对母语中不存在的结构或者第二语言学习中没有把握好的内容就会采取回避的策略，而对把握好的结构内容常常又反复使用，造成重复、冗余。还有在跨文化交际中，人们为了达到交际目的，往往对非母语者的表达失误采取容忍的态度，这使留学生在真实交际中出现的语用失误很难得到纠正，甚至还会使学习者不知不觉地依赖这种容忍度，而影响了语用的得体性，影响了语用能力发展。

和表达比起来，听话者接收言语信息，似乎比较被动，被说话者所左右。若想从被动变为主动就需要经验的预期作用，具有目的语语境的认知能力，实施语用的推理能力，这必须要靠主观努力。留学生常常采用依赖权威的策略，如求助于操母语的人、查字典、问教师和翻教材。这种策略有积极的一面，可以增加认知投入量，利于对言语的理解和掌握。但也有消极的一面，有时会脱离语境孤立地看待问题，或者主观类推泛化而造成偏误，如留学生学习了中国人把过生日的人称作"寿星"、给老人祝寿等，他错误类推为"我过生日的时候一定要买一件漂亮的寿衣"。

（五）教学因素

教学者自身的语用意识不够强，这是因为许多教学者没有站在留学生的角度思考语言的使用问题，加之我们在应试教育下成长出来的教师常常有着重语言知识而轻语言使用能力培养的思维惯性，这都使语用教学得不到显性课堂训练。而且，语用知识有它自身的特点，首先它是很难成系统的；其次它涉及目的语语言思维、文化习惯等方方面面，有着复杂性；再次很多语用知识都是隐蔽的，存在于语言思维文化中。这就造成了语用教学难度，也使语用教学在当前呈现出薄弱的局面。所以，在实际交际中，大多数留学生的语用知识储备都不足，比如学习者虽然了解了某些语言形式，但不能恰当地使用它来表达，不能辨明在什么情况下怎样使用才更得体。汉语是独特而丰富的，比如在表达中只知道汉语的发音形式，但不知道话语中语气、语调、重音、停延等语用含义；只知道汉语句子的语法结构，但不知道汉语句法里反映的中国文化，如不拘格式、散点展开、流动铺排、富于意合性。这种重内容、重语义、重意象、轻形式的句法包含着许多言外之意，倘若忽视这种语用特征，则可能出现语用失误。

在实际交际中，理解汉语不仅要理解语音词句，而且还要理解负载在语言中的文化因素，这样才能理解在交际中的会话含义。但是由于留学生吸收的语用知识不足，常常对话语里蕴含的深层含义和背景知识缺乏敏感性，所以在交际中的面临着理解障碍，不能关联，不能顺应，而使交际受阻。教学者应该通过语用知识的传授与训练，让学习者提高语用意识，关注语境制约，注意结合对方的话语信息及焦点、语调和神态等方面的情况做出理解判断，这样就可以减少失误。

第二节　语用习得与对外汉语教学

语用知识是应该教的，而且是可教的。我们应该在对外汉语教学中进行语用习得，促进外国学习者汉语语用能力的发展。

一、语用习得的必要性与重要性

对外汉语教学的目标是培养学生用汉语进行交际的能力。这也就明确地指出了对外汉语教学要培养学习者的语用能力。

"语用能力"一词在第二语言的教学中已被广泛使用。语用能力是对语境的认识能力和在对语境认识的基础上理解别人的意图，准确表达自己的意图的能力。美国语言学家利奇提出把语用学区分为语用语言学和社会语用学之后，语用能力也就相应地分为语用语言能力和社会语用能力。语用语言能力以语法能力为基础，涉及语言的使用规则，不仅包括正确使用语法规则遣词造句的能力，而且还包括在一定的语境中，正确使用语言形式以实施某一交际功能的能力。社交语用能力是指遵循语言使用的社会规则进行得体交际的能力，是更高层次上的语用能力。吕俞辉认为，对外汉语的教学过程更是"语用能力"的培养过程，衡量着语言教学的实际成绩和水平。

语用习得相对于语用能力来说，是一个动态的语用能力的习得过程。语用习得就是研究学习者如何形成与发展和理解及实施目的语言语行为的能力。也就是说语用习得就是研究学习者怎样形成语用能力的。可以说语用习得的目的就是要培养语用能力、发展语用能力、提高语用能力。研究语用习得可以更有效地探究语用能力培养规律，推进对外汉语教学目标的实现。

二、教师应提高语用教学意识

语用教学可以促进学习者的语用习得进程，加快学习者的语用能力发展，而语用能力的发展有赖于大量的语用知识的输入。教师应该正确面对外国学习者的语用失误，提高教学的语用意识。

第一，教师应该善于观察留学生主客观因素对语用习得的影响，努力改变习得的教学环境，积极创设利于交际的语境。"以学生为中心"充分调动学生学习的积极性，形成言语输入与输出的和谐互动，以期让学生在丰富的语言实践中提高语用能力。

第二，教学中应客观全面地看待语用负迁移，正视其负面影响，科学地利用课堂的输入渠道，将其转化为正面影响，具体研究二语习得者的母语语用知识对二语语用习得带来的影响，才能促进跨文化言语交际的顺利进行。

第三，在教学中应该制定有效的教学策略，即以人的认知能力为基础，语用习得应该建立在学习者自身认知能力发展的基础之上，而不能超越认知能力的发展水平。

第四，我们应该了解学习者的学习策略，建立有效的语用教学模式，这样可以促进学习者采用积极的学习策略来更好地参与教学活动。比如分阶段传授语用知识，注重语言知识的交际性转化，注重语境中的语言教学，注重文化与语言相结合，注重充分利用目的语的教学资源，注重留学生的语言实践等，利用教师的引导，优化学习者的语用习得策略。

第五，教学者应该将语用知识结合到各项语言知识的教学中去，编制科学的教材，弥补现在对外汉语教材中语用知识的不足和凌乱，注重语言的语用功能习得，利用各种显性渠道和隐性方式来增加学生的语用知识。

第三节 语用教学促进学习者的语用能力发展

一、用显性课堂教学促进学习者的语用能力发展

（一）对外汉语语用教学应该教什么

1. 注重语言形式中的语用因素

在传统的语言教学中主要是注重静态的语言形式结构、语义等方面的讲解，而对语言的功能、交际的意义则很少涉及。比如在语音教学中，除了进行语音形式的机械模仿训练外，还应该讲授语音中的语用知识，教给汉语学习者结合语境对表达语气情态的各种语音、语气、语调、停顿、重音、语速等进行适宜的选择。像停顿多久才是话轮的结束，特殊的语调产生的寓意，不同的重音位置体现不同的焦点信息，语音的高低、快慢等变化表达各种不同的语气情态等。同样一句话"你考得可真好"，不同的语气、重音位置，就可能或夸奖，或讽刺，或羡慕，表达不同的交际目的。因此，没有语音的语用知识作支撑往往会造成交际失败。在词汇教学中，应该结合语境讲解词语，告诉学生词语的选择既要着眼于词语的表意特点也要考虑到它的语用功能——感情色彩、风格色彩、形象色彩、文化内涵等。否则，留学生就会出现词语的语用失误，如留学生对语体风格选择的失误，套用母语的失误等。所以，在对外汉语词语教学中，仅仅解释一个词是不够的，必须让学生了解该词语在各种情况下怎么使用，使词语的使用与交际功能协调一致。在语法教学中，如果教师只注重句法的教授，学生常常是即使掌握了句子的语法特点，也不能用正确的句子达到正常的交际。比如"被"字句在汉语中的使用以主观感受为重，而不像英语那样以客观事实为重；"把"字句有阐述、指令、表达、宣告的语用功能；同一种语言形式的语用功能各有不同；还有语序的语用内涵、虚词的语用功效等，这些都是对外汉语教学中应该注意的语用因素。在语言形式中注重语用因素的合理讲解，有助于让学习者获得更多的元语用知识，提高学习者的语用意识，使之提高语言水平的同时也提高语用水平。

2. 注重语言表达中的语用原则

语用学的核心就是语用学的一些原则。其中主要的有美国哲学家格赖斯提出的"合作原则"以及利奇等人提出的"礼貌原则"。"合作原则"内部有四条准则，即适量准则、质量准则、关联准则、方式准则。也就是要求在人际交往中信息量要适度，信息要真实，谈话内容必须相关，说出的话要避免晦涩、歧义。"礼貌原则"包括得体准则、慷慨准则、赞誉准则、谦虚准则、一致准则和同情准则。其核心内容为：尽量使自己吃亏，而使别人获利，以取得对方的好感，从而使交际顺利进行，并使自己从中获得更大的利益。为了保证顺利交际，语言应用者必须共同遵守这些基本原则。但人们并非在语用原则的应用上保

持一致，这一点在跨文化交际中表现得尤为明显。由于交际者受各自文化背景的影响，在语言表达时会有不同的选择，这正是对外汉语语用教学所应关注的。比如中国人在表达时喜欢"心领神会""言简意丰"，反映出言语行为对环境的高度依赖性，这种取向和西方人在很大程度上靠"言传"的取向形成极大反差，因此中国人与西方人对适量准则的应用上有差异，留学生也常常会滥用完整句而出现冗余信息影响交际。还有中国人有重群体和他人的取向，崇尚谦虚达礼，话语中常显示出贬己尊人的倾向，因此，中国人在接受对方的赞誉时常用否定的形式来回答，遵守着谦虚准则；而西方人在接受对方的夸奖时常用肯定的方式来回答，和对方保持着一致性。但中国人的谦虚选择在跨文化交际中有时会被认为是虚伪的表现，从而影响交际和谐。再比如，中国人为了礼貌原则往往会牺牲质的准则也是留学生所不理解的。所以，在教学中，要让留学生理解中国人在表达时对语用原则的选择，这样才利于外国学习者在语用习得过程中逐步接近目的语表达习惯。

3. 注重语言理解中的语用含义

所谓语用含义又叫会话含义，指话语所包含的言外之意，只有借助语境等因素才能获得。汉语重意合性，意思表现在"不言之中"，推崇"不着一字，尽得风流"，这样"意会"就成了人们信息解码的重要手段。而在跨文化交际中，让留学生理解言外之意、弦外之音，无疑是巨大的难点。因为学习者的话语理解要关联到目的语的文化、语境，自我认知和推理。但由于文化的迁移，目的语语用知识不足等，留学生常常对话语里蕴含的深层含义和背景知识缺乏敏感性，这势必会影响对语用含义的理解。如不能理解负载在语言中的文化因素；不能在特定语境中对委婉的表达产生正确的推理；不能对说话人言语行为的真正意图做准确的判断；不能对间接言语行为有合理的预测等。例如，中国人表面上的寒暄其实蕴含着关心；口头上的嗔怪包含着感激等。这些语用习惯都会形成外国学习者语言交际中的理解障碍。因此，剖析语篇中的会话含义、分析话语中的会话含义、解释间接言语行为的会话含义、阐释各语言要素所蕴含的会话含义，应该为对外汉语语用教学的重要内容，这将对外国学习者的语用理解大有裨益。汉语重意合，话语中包含着许多言外之意，倘若忽视话语中的语用含义，则无法顺利交际。

4. 注重语言交际中的语用关联

语言交际中的语用关联，对于外国学习者来说主要是文化关联和语境关联。正如跨文化交际学的奠基人霍尔所指出的那样"文化存在于两个层次中：公开的文化和隐蔽的文化。前者可见并能描述，后者不可见甚至连受专门训练的观察者都难以察知"。而语用习得则脱离不了第二文化的隐蔽层，这也正是语用习得的难点所在。钱冠连指出"语用习得既属于第二语言习得范畴，又属于跨文化的文化习得"。第二语言的语用习得是一种跨文化交际中的语言使用，习得一种语言也就是习得一种文化，学习一种语用原则也就是理解一种社会文化，文化是语用认知关联的基础。所以，语言课的教学应该融入文化内容的传授，通过语言教学充分挖掘文化因素，从文化的层面分析汉语的形式规律、文化内涵、语用规则等。教师应该有目的地补充文化蕴含，扩充文化知识，有意识地让学生了解母语文化和汉语文化的差异，增强其跨文化意识。这样才能帮助外国学习者克服因不同文化背景而出现的语用失误。但了解了目的语的文化知识后，如何正确运用到话语交际中，则要考虑到语境的制约性，会话含义脱离了语境就无法推导，因此要让学习者注意语境中语言使用的得体性，这才是语用教学的关键。

（二）对外汉语语用教学应该怎么教

1. 选择利于语用习得的教学方法

语用知识不是靠记忆和机械式训练获得的，必须将语用知识运用到交际情境中才能获得体验，让学习者在表达方面学会根据交际任务、交际语境对语言形式和交际策略进行恰当的选择；在理解方面学会根据特定的交际情景去判断、理解语用含义。为此，教学者在课堂上可以采用任务教学法，让学生成为交际者，通过分组、角色互动等习得语用，它的好处是可以使学生在没有社会交往压力与焦虑的情况下，投入交际活动中。教师还可以采用功能法教学，把相关的语用问题放在一定的语境中进行练习，通过角色扮演、交谈等在教师设计的交际情境中习得语用。教师在这些环节中应该是汉语言知识和中国文化的传授者、语言技能的训练者、学生用汉语交际的对象。同时教师还应担当指导和监控学生技能性、练习性、交际性输出的角色，以便在不断的反馈中修正学习者的语用失误，并能够进行语用规则对比、语用失误分析、文化差异比较，让学习者在动态的学习中增加语用认知，提高语用能力。

2. 进行利于语用习得的跨文化交际

对外汉语教学的对象与我国外语学习者最大的不同，就是身处目的语环境，有着在生活交际中直接接触目的语的优势。他们的跨文化教学可以来自文化资源无比丰富的社会，再加上教师适当地引导，就可以取得事半功倍的效果。如组织留学生参观旅游、参与有文化特色的主题活动、研习中国的传统文化、与中国人进行联谊活动、观影看展览等，都能开阔视野，使留学生对文化的各个方面产生直观的感性认识。其实留学生除了要了解中国文化外，他们所处的还是一种多元文化的环境，我们还可以通过举办各国的文化展示活动、表演各国的文艺节目等形式，让留学生在多元文化的熏陶中，增强对跨文化的感受力，从而促进对目的语语用的习得。

3. 采用利于语用习得的教学手段

语用习得需要更丰富的语言输入，因此可以采用多媒体环境下的网络教学，还可以充分利用网络资源、汉语文化展示、影视作品、歌曲、相声等来补充课堂语言输入的不足。在教学手段上还可以采用创设情境、模拟交际、主题讨论、小品表演、民俗体验等实训性环节，让留学生情不自禁地在目的语的文化熏陶中习得语用。

（三）应该建立一套有效的语用习得模式

我们应该建立有效的语用教学模式，这样可以促进习得者采用积极的学习策略来更好地参与教学活动。

根据布卢姆-库卡尔的研究，学习者语用能力的发展可以分为三个阶段：第一阶段，信息为主，没有系统性。第二阶段，过渡语为主阶段，有一定的系统性。第三节段，跨文化交际为主，具有系统性。

那么我们在教学中也可以把培养学生语用能力的过程分为三个阶段。

第一阶段：教师指导、监控学生信息输出，即技能的输出、练习性的输出、交际性的输出。

技能的输出是鼓励学生利用听说读写能力，引导他们相互交流，习得语用套语。练习性的输出是创造条件，打造真实情景模拟交际，通过预设情景，让学生锻炼目的语的语用言语行为，如"称呼""告别""劝告"。交际性的输出是培养交际策略能力。交际策略包括的内容很多，例如，怎样开始话题、怎样把对方引入话题、怎样转移话题、怎样回避或退出交谈、怎样结束交谈、怎样引起对方注意等。在表达方面就是要学生学会根据交际任务、交际语境对语言形式（语音、词语、句式、语体、话语的组织）和交际策略进行恰当的选择，在理解方面就是要学生学会根据特定的交际情景去判断、理解语用含义和对交际策略的选择。交际策略包括的内容很多，最终让学生学会在言语交际时要适时、适境、适情、适势、适机，一切以适度、恰到好处为原则。在课堂教学中，教师既是汉语言知识和中国文化的传授者，又是汉语言技能的训练者，同时还应是学生用汉语交际的对象。

简言之，第一阶段主要是培养学生调动自己的感知来体会真实的交际活动，为下一阶段打下感性认识的基础。

第二阶段：教师提升学生的语用水平，进行语用规则对比和语用失误分析。

这一阶段属于过渡语为主的阶段，那么应以教师讲授为主，输入系统性知识，建立更接近目的语的语用系统，在学生对交际活动已经有一定实践认识的第一阶段的基础之上，进行系统的理论指导，提供理性认识。通过对言语行为、话语结构、语用原则、语境认知、交往规则的对比，找出差异，促进对目的语的语用认识。通过对语言的语用失误、社交语用失误的分析，来鉴别用目的语进行交际的得体与失误，同时让学生认识到语用失误就是作为二语学习者在过渡语阶段表现出的特点之一，鼓励学生大胆地使用过渡语，在"用"中培养学生使用"活"的语言的能力，改进和提高语言流利程度和得体性，运用理论指导实践，从而习得如何顺利地达到交际目的。

第三阶段：进行语言结构的文化导入和社会文化因素的导入。

根据外国学生的语言习得规律和汉语言专业的学习年限，汉语教学内容的安排应对不同的教学阶段有所侧重：初级阶段应以培养学生的语言能力为主；中级阶段应以培养学生的基本交际技能及成段表达能力为主；高级段阶则应以培养学生的社会文化交际能力为主。社会文化交际能力包括语言能力、语用能力和语言与文化融会贯通的能力。习得一种语言也就是习得一种文化，学习一种语用原则也就是理解一种社会文化。文化是语用认知关联的基础，它可以为实现培养学生的汉语交际能力的目的服务。

在教学中尝试后发现，采用有效的教学模式可以激发学习者的学习兴趣，提高他们对目的语文化的理解力,从而优化习得者的语言知识结构,影响其学习策略的使用。

通过对汉语水平不同级别的留学生语用习得情况的调查与讨论、分析与思考,更加深入地了解到留学生在语用习得方面的表现、难点、特点、发展以及影响习得的因素等。得出的结论是:留学生的语用水平较低,学习者的语用能力会随着其语言水平的提高而相应地提高,但是其语言水平的提高与语用能力的发展并非成正比。在习得过程中他们会受到来自语用迁移、语用教学、语用认知等各方面因素的影响,从而形成他们语用习得的障碍。这对对外汉语教学的启示是:语用可以教,语用能力的提高有利于留学生减少语用失误,达到得体交际,有利于语言能力的可持续发展。本研究从理论上看:为对外汉语教学中的习得研究提供了更丰富的视角,为对外汉语教学中的语用研究展现了一个发展的角度。从实践上看:语用习得是留学生学习汉语最薄弱的环节,对语用习得的探讨可以减少语用教学的盲目性,从而制定出科学的语用教学策略,切实地提高教学效率。

但是,由于第二语言语用习得的复杂性,目前关于这一课题还有许多问题得不到科学的论证和实验的证明。就本课题来说也存在样本较少,有些现象找不到合理解释等问题,今后还有待探索更科学的研究方法,设计更合理的调查内容,吸收更多的调查对象,从而找出更有效地提高学习者语用能力的方案。

二、用隐性课堂教学促进学习者的语用能力发展

笔者以中文的电影教学为例,来看隐形的教学模式对跨文化语用能力的培养。

跨文化教育是当今世界教育的热点问题之一,来华留学生教育即属于跨文化教学的实践,是在跨文化交际基础上进行的语言教育活动,其主要目标就是培养学习者的跨文化交际能力。而这一目标的实现,不仅关系到语言的学习、掌握与运用,还关系到对文化的认识、理解与适应,怎样才能找到好的方法与途径呢?这正是我们需要深入探讨的。跨文化教学就是最好的跨文化教育实践。

20世纪五六十年代国外在语言课上引入了电影手段,数十年来经过大量的语言工作者和专家学者从实践到理论的印证,发现电影手段凭借其情景性、形象性、文化性、艺术性、趣味性等特征在语言教学综合能力培养方面可以发挥一种独特的优势。2011年有关部门发起主题活动"电影携手汉语,走向世界",将电影这一特殊的文化载体和汉语教学融合在一起,促进汉语国际教育的发展。这些无疑都给对外汉语教学带来启示,即利用中文电影资源(指中文原版电影)来促进外国学生跨文化交际能力的培养,让中文电影资源在跨文化语用教学中发挥更大的作用。

(一)运用中文电影资源进行教学的理论依据

运用电影资源进行跨文化教学,符合各种教育理论的要求。首先,符合认知心理学的建构主义教学理论,即以学生为中心,强调学习的主动性、社会性和情境性。电影所具有的形式娱乐性、内容丰富性、语境真实性等特征正好可以发挥这方面的作用,从而调动外

国学生学习汉语的积极性，促进其对中国文化更好地认知。其次，符合克拉申二语习得理论，其理论的核心是"输入假说"，即语言习得的必要条件是大量的可懂性输入，以及"情感过滤假说"，即学习者的动机情感等会影响二语学习。电影有着形象的视觉画面、生动的人物故事、明显的听觉效果等，这些都可以增加可懂性输入，帮助外国学生更好地理解语言与文化。电影作为综合艺术可以最大限度地调动人的各种感官，触动人的心理情感，使处于跨文化交际中的外国学生减少跨语言文化理解的障碍。最后，符合汉语文化语用学的理论，钱冠连认为在跨文化语境中要有附着符号束的参与来增加文化、语用理解。附着符号束，即"指语言符号以外，一切伴随着人、附着于人的符号，如声气息、面部符号、身势符号、伴随的物理符号"。从这个角度看，电影无疑是契合度最高的可以利用的教学资源。电影传递大量复合信息，不仅对提高外国学生跨文化语用能力、跨文化理解能力大有好处，而且还可以满足外国学生在跨文化交际过程中的多元化需求。但是在对外汉语这一跨文化教学中，利用中文电影资源进行跨文化交际能力培养还存在着一些不同的看法。

（二）运用中文电影资源对外国学生进行教学的不同看法

首先是必要性问题。许多人认为外国留学生到中国来学习汉语，在目的语国家学习语言，身处目的语的现实生活包围中，这就是最好的语言文化学习宝藏，何必再通过艺术化的电影来了解中国人、中国文化。这种看法有其合理因素，但却忽视了电影的特殊性，电影不仅可以表现共时文化，而且还可以表现历时文化；不仅可以演绎你亲眼能见的事物，还可以演绎你无法见到的事物；不仅可以展现生活的表层，还可以挖掘文化的内涵。好的电影是现实生活的浓缩和升华，是民俗文化的凝聚与深化，它可以让来中国学习汉语的跨文化学习者全方位、超时空、方便快捷地了解中国。

其次是认识性问题。不少教师认为声图并茂的电影容易使艰苦的语言学习变得过分娱乐化，而得不到扎实的语言知识。也有人认为是教师图轻松、不认真负责进行语言教学的表现。这里面存在着认识的误区，从学习角度看，仅仅让学生掌握语言规则并不是我们教学的唯一目的，通过中文电影资源的运用，让外国学生了解更多的中国文化，这对语言习得、语用习得、文化习得都将大有裨益。但是，运用中文电影进行教学并不能绝对化，它不是语言规则学习的替代品，只是辅助品，语言规则的学习是欣赏中文电影的知识基础；它不是语言教学中观奇享乐的娱乐品，是学习资料，是力图优化教学的一种手段。因此，这之中教师的作用尤为重要，教师不是电影的放映者、教学的放任者，而应该是资源的利用者、语言的辅导者、文化的解释者、赏析的指导者和效果的评估者。

最后是同一性问题。在中国的英语教学界，更多的教育工作者对利用英文原版电影教学进行了探讨与实践，提出了富有建设性的教学策略。有的对外汉语教师认为都是第二语言教学，做法应该相同，但在教学实施过程中却发现二者还是有很大差别的。在对外汉语教学中应该注重其独特性，让中文电影资源在留学生跨文化教学中发挥更大的作用。

（三）运用中文电影资源对外国学生进行教学的独特性

在对外汉语教学中，中文电影资源运用的独特性大致表现在以下四个方面。

第一，从教学者角度看，对外汉语教学不是一种普通的语言教学，作为国家民族的事业，中国文化发展战略的一部分，它应该在教育教学为主的前提下，努力传播中国文化，为汉语的国际推广尽力。因此，对外汉语教师传播中国文化不仅仅是一个语言教学需要的问题，还兼具着责任感和使命感，应该抓住各种机会，寻找各种手段，开辟各种渠道，利用跨文化教学阵地进行中国文化的传播。而电影作为世界各国人民共同喜爱的文化艺术传播载体，与其他传播样式相比较，是更容易使人跨越文化壁垒的手段。

第二，从教学对象角度看，中国学生学习外语是学业要求的必需选择，外国学生学习汉语则是多元需求下的自主选择，有时会畏难、动摇、退缩，甚至放弃，这就更需要通过各种办法，坚定他们学习汉语的信心、引发他们学习汉语的兴趣、激发他们学习汉语的热情，而电影则可以在这之中发挥特有的功效，潜移默化地对人发生影响。

第三，从文化接受角度看，外国学生和中国的外语学习者有很大的不同。中国的外语学习者在接受外来文化时有较强的适应性，文化差异很少成为接受外来文化的障碍，比如对英美电影的喜爱，这和中国人的包容心态、现代观念、所受教育等有很大的关系。同时我们还看到，每每外国大片在中国上演都大获成功，而中文电影在海外却频频遇冷，比如在中国大赚12.6亿元人民币的《泰囧》，广受国人欢迎的《让子弹飞》等影片在海外均票房惨淡，这被外媒评论为"文化鸿沟难平"。的确，留学生对中国文化的了解与接受程度远不如中国学生对外国文化的了解与接受程度，来自世界各国的外国学生有的从来没有看过中国电影，所以完全是新奇陌生的。还有的外国学生到中国后由于出现文化误解或冲突，而采取逃避态度，出现抗拒心理等。这些跨文化干扰，是本国人在自己的国家学习外语时所不会遇到的困难，但对外国学生接受中国文化则产生了很大制约。

第四，从语言水平看，在中国高校的各种外语教学中，每个学习群体的语言水平基本一致，有一定的语言基础和文化意识。但外国学生的语言水平则是参差不齐的，零起点者有之，高水平者也有之。语言学习的需求动机是各种各样的，因为喜欢中国文化而学习汉语的有之，因为学习汉语而想进一步了解中国文化的也有之；为了满足好奇心的有之，为了寻找文化认同的也有之（比如华裔）。所以，在对外汉语教学中运用中文电影资源就应该注意学习者的多元化需求，这样才能对跨文化交际能力的培养产生促进作用。

（四）中文电影资源的运用在教学中的作用

一是可以培养外国学生的跨文化意识。电影在跨文化教学中的运用是一种语言与文化的输入，从电影中感受到的不仅是有声的语言，还可以轻松愉悦地接触到中国的风俗习惯、历史文化，甚至中国人的举手投足、内心想法等，这些都可以丰富学习者对中国文化的了解，增强他们对文化差异的敏感度，从而促进跨文化意识的培养。

二是可以加强文化沟通，改变刻板印象。许多外国学生对中国文化极其陌生，虽然来到中国亲眼看见了今天的中国风貌，但对历史的中国、文化的中国都知之甚少，加之意识形态、宗教信仰等方面的不同，以及对中国和中国人的文化偏见或文化距离感等，常会带有一些不符合中国实际的刻板印象。电影此时会成为生动的教材，教师可以通过对影片的选择、解释等发挥引导作用，减少外国学生的跨文化误读，缩短文化距离，加深对中国文化的理解。

三是可以促进跨文化适应，增长跨文化能力。中外文化差异常常使外国学生陷于跨文化适应的困境，出现"文化休克"现象，即各种跨文化不适应状况。电影凭借着情感性、趣味性、故事性可以降低外国学习者的学习压力和心理焦虑；电影的直观性、生动性、形象性可以促进外国学习者对语言的理解与记忆；电影的信息多、文化丰、情景真的特点可以让外国学生通过电影更多地了解中国。电影语言是富有国际性的语言，世界各国的观赏者无论是观看什么样的跨文化电影，总会发现人类在情感上、审美上、文化上的些许共通性，这容易使人触景生情产生文化认同。这会给跨文化适应、跨文化交际能力的培养带来不同于语言课堂教学的效果。

（五）运用中文电影培养外国学生跨文化交际能力的策略

跨文化交际能力是一种综合能力，既包括语言和非语言的交际能力，也包括文化适应融合的能力。所以制定策略时既应该考虑语言的学习，也应该考虑文化的学习，让二者互相促进交融，这样语言文化的学习才能获得双受益。

语言和文化是密不可分的，没有对文化的了解，语言的学习必然会受到影响。但在实际的操作中，我们可以有不同的侧重点。

首先是从文化角度出发实施策略。"中文电影"有着丰富的中国文化元素，外国学生可以从这些电影中了解中国的风土人情、风俗习惯、思维方式、历史文化等。在播放方式上，要辅助媒介语言，既可以采用汉语对白加英文字幕的方式，也可以采用英语对白加汉语字幕的方式，这样才能满足各语言水平者了解中国文化的需要。在播放时间上，采用课余时间放映，现在国内大部分留学生都上半天课，另外的半天常常可以进行中华才艺研习，这时应该有所选择地放映中文电影，而且在放映前，做一些海报宣传，用各种媒介语简要介绍一些相关的文化内容，辅助外国学习者对相关文化进行了解。在播放内容上，应该既有针对性又有丰富性。比如让学生了解非语言文化，可以通过观看《花样年华》《十面埋伏》等了解服饰语；通过观看《山楂树之恋》《卧虎藏龙》了解身势语；通过观看《边城》《霸王别姬》了解表情语等。了解民俗文化则可以看《红高粱》中的颠轿子、庆婚嫁、颂酒神，可以看李安电影中的书法、烹调、太极等。可以通过《桃姐》《没事偷着乐》《失恋33天》等看到中国人的恩情、亲情、恋情等，了解中国的家庭伦理文化。还有中国的色彩文化、功夫文化、戏曲文化等都可以通过观影进行了解。同时，还可以增加跨文化的对比放映，比如美国动画片《花木兰》与中国电影《花木兰》对比，可以看到中外在许多事情上的不同表达；还可以将美版的《母女情深》和中国的《千里走单骑》对比，理解中外的母女情、父子情所表达的文化共性和差异；看《过年》与西方节日文化进行比较；看《刮痧》了解文化差异给人带来的跨文化冲突。也可以通过电影让外国学生了解中国的历史，观看《孔子》《赤壁之战》等了解中国古代历史，观看《西安事变》《开国大典》等了解中国"红色"历史。利用中文电影可以让外国学生随着影片体验东方情境，分享中国文化，是培养外国学生跨文化交际能力的有效方法之一。

其次是从语言角度出发实施策略。如果没有语言基础，跨文化交际就不可能成功实现。培养跨文化交际能力是以语言交际能力为主要内容和基础的。如果把观影活动落实到语言学习上，教师则要精于设计与安排。电影可以在课内放映，但不宜整片放映，而应该根据语言学习的需要截取片段或编辑制作，也可采用微电影等。教师要在放映前讲解学习重点、文化背景，让学生有针对性地学习。比如通过《骆驼祥子》《茶馆》等电影学习汉语词语的运用，当间接的语言符号变成视觉的直观画面，则可以使外国学习者在情景之中学习汉语。通过冯小刚的一些电影理解会话含义，冯氏电影具有中国式的幽默，在插科打诨之中常常带有言外之意，是语用理解的素材。在环节设计上，要注重观看前、观看中、观看后的言语技能着落点。要根据不同语言水平的学生，提出不同的学习要求，比如语言水平低者可以在观影后复述、模仿汉语表达；语言水平高者可以在观影后分组讨论、写文鉴赏等。外国学生的语言水平是理解中文电影的重要障碍，用电影促进语言学习，可以提高语言的学习效果。

总之，我们要充分利用中文电影资源进行跨文化语用教学，它是汉语学习的推手、文化传播的使者。运用中文电影资源这种形式进行文化渗透、了解文化差异、打破文化隔膜、增进文化了解、加强文化沟通有其独特的优越性，它有着一种"润物细无声"的效果。因此，我们在对外国学生的跨文化语用教学中，要充分利用好中文电影资源，它是一种生动立体的汉语语言文化教材，是优化汉语语言教学的有力手段，是进行中国文化传播的有效途径，也是培养外国学生跨文化交际能力的有益渠道。

三、基于语用习得研究的跨文化教育策略

对外汉语教学是一种以培养跨文化交际能力为核心的语言教学，而"习得任何语言都要习得其语用规则和文化"。每一种语言都有其语法规则，同时又有一套自己的语用规则（即如何得体地应用语言完成人际交流），这套语用规则与其所属文化密切相关。著名学者钱冠连指出："语用习得既属于第二语言习得范畴，又属于跨文化的文化习得。"正是由于第二语言的语用习得是一种跨文化交际中的语言使用，所以本研究以留学生的语用习得为视角进行调查，从而分析他们在跨文化交际中的表现及特点、认知与发展，以此为基础，提出跨文化教育的策略。

学习一种外语的过程就是逐步适应这种新的文化的过程。文化因素对第二语言语用习

得的影响是多方面的，它会使跨文化交际失误甚至失败。因此，制定科学有效的跨文化教育策略无疑会对留学生的跨文化交际产生良好的作用。

（一）全方位实施跨文化教育

针对留学生总体语用水平并不太高、语用习得受文化巨大影响这一现象，我们应全方位地实施跨文化教育。

留学生的教育管理者应该是跨文化教育的积极推行者。其首先应该具有鲜明的跨文化教育思想。跨文化教育的概念是与教育平等、教育民主联系在一起的，跨文化教育必须坚持开放平等、尊重理解、宽容融合、客观适当等基本原则，消解妄自尊大、盲目歧视、偏见狭隘等消极的跨文化态度。其次应具备一套跨文化教育的实施策略，如教育与文化的协调发展、教学原则的制定、教学计划的执行、语言教育的实施、教师的培训、留学生学习生活和各项实践活动的安排等都要围绕跨文化教育这一核心来进行。

留学生的教师应该是跨文化教育的科学施教者。这要求对外汉语教师首先具有正确的跨文化教育意识，掌握跨文化教育的基本理论，对跨文化交流有着责任感和热忱。其次，应该具有以跨文化语言交际为核心的语言能力。教师要在教学的各个环节注重语言教学与文化教学的统一性。

对外汉语教学是一种特殊的跨文化交际活动，师生之间有着文化的差异。教学中，无时无刻不存在着跨文化的交流与碰撞，教师要注意目的语文化的主流文化、共时文化、传统文化与其他异质文化的关系，学会平等对待不同文化，在教学中要防止出现民族中心主义、文化歧视、文化偏见、文化定式等倾向。

（二）多途径实施跨文化教育

针对留学生各项语用能力发展不平衡的现象，我们应进行多角度、多途径的跨文化教育。

首先，充分利用课堂教学。对外汉语教学"既是一种语言教学，同时又是一种文化教学"。在教学方法上，采用语用规则对比、语用失误分析、社会文化因素的导入、语言结构的文化导入等。在教学手段上可以采用创设情境、模拟交际、主题讨论、角色扮演、民俗体验等实训性环节，让留学生情不自禁地受到中国文化的吸引。

其次，充分利用社会资源。留学生身处目的语国家，他们的跨文化教育可以来自文化资源无比丰富的社会，只要适当引导，就可以取得事半功倍的效果。

最后，还可以充分利用网络和多媒体教学，进行跨文化学习体验，让人、网络、文化相交互。有时可以教学相长，使教师与学生共同学到跨文化知识，共同提高。

（三）分层次进行跨文化教育

针对各级学生语用能力的不同发展水平，跨文化教育应该有计划、分层次地进行。应该通过教学大纲，引导对外汉语教学有针对性地、分层次地实施跨文化教育。比如初级阶段先学习反映目的语文化特点的交际惯用语,培养学生调动自己的感知来体会真实的交际活动;中级阶段可以学习在语境中理解字句的文化内涵,了解跨文化内容;高级阶段直接学习讲解文化的文本,训练跨文化交际技巧。

(四)以学习者为中心进行跨文化教育

我们通过留学生语用习得调查与访谈了解到:留学生中的大多数人渴望通过学习,尽早地融入中国人的生活,拉近与中国人的距离,多多体会民俗风情,研究中国文化。这种积极的文化学习动机,为吸收目的语文化打下了良好的基础。但在真正的跨文化交际中又常常产生语用失误、交际障碍,甚至是文化休克,使他们内心焦虑、没有对策、丧失信心等。而跨文化教育就是要根据学生的不同的文化和生活经验,提供适合不同学生的教育教学。帮助学习者了解文化障碍的成因,以及如何跨越这些障碍,最后获取成功。

参考文献

[1] 曾文雄. 语用学的多维研究 [M]. 杭州：浙江大学出版社，2009.

[2] 高晓芳. 英语语用学 [M]. 武汉：华中师范大学出版社，2008.

[3] 李怀奎. 语用学——基本概念、跨学科分支和研究方法 [M]. 合肥：合肥工业大学出版社，2015.

[4] 李佐文. 认知语用学导论 [M]. 北京：中国传媒大学出版社，2010.

[5] 罗国莹，刘丽静，林春波. 语用学研究与运用 [M]. 北京：中国书籍出版社，2013.

[6] 钱秀芸. 语言教与学中的语用学 [M]. 武汉：武汉理工大学出版社，2014.

[7] 曲卫国. 语用学的多层面研究 [M]. 上海：复旦大学出版社，2012.

[8] 冉永平，张新红. 语用学纵横 [M]. 北京：高等教育出版社，2007.

[9] 冉永平. 语用学：现象与分析 [M]. 北京：北京大学出版社，2006.

[10] 温晓亮，江晶瑶，柴冒臣. 语用与认知语用学研究 [M]. 长春：吉林大学出版社，2017.

[11] 杨永和，周冬华，鲁娅辉. 语用学视角下的广告语言研究 [M]. 西安：西北工业大学出版社，2010.

[12] 易蔚. 语用学与翻译多维透视研究 [M]. 成都：四川大学出版社，2018.

[13] 张韧弦. 形式语用学导论 [M]. 上海：复旦大学出版社，2008.

[14] 张晓丽. 认知视角下的英语语用学研究 [M]. 北京：中国书籍出版社，2019.

[15] 陈新仁. 新编语用学教程 [M]. 北京：外语教学与研究出版社，2009.

[16] 袁轶锋. 中国大学英语学习中的语用、认知和策略研究 [M]. 上海：复旦大学出版社，2014.